Frank Lassner
**Die Seligpreisungen
von Jesus**

Frank Lassner, geb. 1961 in Chemnitz, studierte Mathematik und Physik in Leipzig und Berlin. Im Anschluss war er mehrere Jahre in der Forschung tätig. 1991 änderte er seinen beruflichen Lebensweg. Er begleitet seitdem Menschen in ihrer persönlichen Entwicklung. Im Zentrum seiner Seminare, Coachings und Supervisionen steht die Bewusstwerdung der Menschen durch die Sensibilisierung ihrer Wahrnehmung und die Auseinandersetzung mit ihren Lebensthemen. Im Rahmen seiner Arbeit mit vielen Tausenden Klienten entwickelte Frank Lassner revolutionäre Techniken – die LASSNER-METHODE®. Sie geht von der Erkenntnis aus, dass Unbewusstheit die Quelle allen Leides ist. Die LASSNER-METHODE® umfasst sowohl ein komplettes System, um Klienten im Coaching zu Bewusstheit zu führen – als auch eine Reihe von Techniken und Methoden, die für jeden erlernbar und in das tägliche Leben integrierbar sind.

Frank Lassner

Die Seligpreisungen von Jesus

Originalausgabe September 2007
Alle Rechte vorbehalten.

Umschlagabbildung: Christoph Steffin
Umschlaggestaltung: Christina Didszun
Lektorat: Julia Ziffer
Satz: EINDRUCK GmbH, Saarlouis
Herstellung und Verlag: Books on Demand GmbH, Norderstedt

Printed in Germany
ISBN: 978-3-8334-7267-1

Inhalt

Vorwort

Jesus hat sich in der kurzen Zeit seines öffentlichen Auftretens vor allem an einfache Menschen gewandt. Er war umgeben von Fischern, Hirten, Bauern, Prostituierten und sozial Entrechteten. Seine Jünger, die viele seiner Äußerungen nicht verstehen konnten, was im Neuen Testament deutlich zu spüren ist, hatten dennoch einen unmittelbaren – nicht intellektuellen – Zugang zu seiner Botschaft. Sie waren bereit, ihr bisheriges Leben und ihre Arbeit ohne Zögern aufzugeben, um sich ihm anzuschließen. Die ersten beiden Jünger, Simon und Andreas, traf Jesus, als sie gerade ihre Netze auswarfen, um Fische zu fangen. Jesus forderte sie auf, mit ihm zu gehen. Sie stellten keine Fragen, es gab für sie kein Abwägen, kein »Wenn und Aber«. »Sofort verließen sie ihre Netze und folgten ihm«, notiert das Evangelium. Mit den anderen Jüngern verhielt es sich ähnlich. Solche Entscheidungen treffen zu können, geht niemals allein über den Verstand. Hätten die künftigen Jünger vor diesem Schritt über Jesus' Worte **nachgedacht**, hätten sie darüber disputiert und abgewogen, dann hätte es tausend »Wenn und Abers« gegeben. Sie wären wahrscheinlich nicht mit Jesus gegangen.

Die Jünger haben etwas anderes gespürt, etwas, das sich mit dem Verstand nicht fassen lässt. Sie haben in den Augen, in den Bewegungen, an der Energie von Jesus etwas wahrgenommen, auf das sie vertrauen konnten. Vor allem aber waren sie **fähig,** auf eine solche Weise wahrzunehmen und auf diese Wahrnehmung zu vertrauen. Menschen dagegen, die darauf konditioniert sind, sich der Welt ausschließlich mit ihrem Intellekt zu nähern, die philosophische oder theologische Argumente abwägen und glauben, man habe erst dann etwas verstanden, wenn man es begründen kann, sind zu einer solchen Wahrnehmung kaum fähig. Sie können auf jede Aussage von Jesus mit einem logischen Gegenargument antworten – das ist für den Verstand überhaupt kein Problem. Damit aber ist ihnen die eigentliche Botschaft Jesu verschlossen. Soviel sie auch darüber nachdenken und vielleicht sogar glauben, die Botschaft zu verstehen – die Hauptsache wird ihnen verborgen bleiben. Sie müssen erst lernen, wieder über den Verstand hinauszugehen – ein langer Weg. Jesus jedoch hatte nicht viel Zeit. Aus diesem Grund hat er sich von vornherein an einfache Menschen gewandt. Er war gezwungen, Zuhörer zu finden, die fähig waren, ihm unmittelbar zuzuhören, die Botschaft anzunehmen, ohne sie zu analysieren. Jesus nannte Gott einen Vater – weil die Menschen Schutz brauchten; er sprach zu ihnen in Gleichnissen, die ihrem einfachen täglichen Leben entnommen waren; er heilte sie, um ihr Vertrauen zu gewinnen, um sie zu öffnen. Kaum einmal begründete Jesus seine Aussagen. Er wollte die Menschen nicht mit Argumenten überzeugen. Er wusste, dass seine Wirkung auf etwas anderem beruhte.

Während Jesus umgeben war von einfachen und unverbildeten Menschen, waren seine Gegner, die ihm den Prozess machten und ihn schließlich töteten, allesamt gebildet, Intellektuelle: »Schriftgelehrte«, Priester, Politiker. In dieser Tatsache liegt eine tiefe Symbolik: Der Intellekt fürchtet die Liebe und die Intuition. Er glaubt – irrtümlicherweise – die Liebe sei für ihn eine Gefahr. Ein verstandesorientierter

Mensch glaubt, mit Hilfe logischer Analyse die ganze Welt erklären zu können. Er denkt sogar, er könne die Welt beherrschen, sie sich untertan machen. Zugleich spürt er, dass er sich mit dieser inneren Haltung von der Realität abgetrennt hat – eine existenzielle Einsamkeit. Er ahnt, dass er diese Isolation nur überwinden kann, indem er wieder über den Verstand hinausgeht und lernt, sich unmittelbar, nur vom Körper und von den Sinnen her, an die Realität zu wenden. Bei diesem Schritt würde er die Liebe finden.

Alles, was das Leben lebenswert macht, was dich aufwühlt, was dich lebendig sein lässt, lässt sich mit Logik nicht erklären. Wenn du einen anderen Menschen liebst – du kannst es ihm nicht »beweisen«. Du kannst nur hoffen, dass der andere, den du liebst, selbst schon die Liebe kennt, dass er fähig ist, deine Schwingung, das Strahlen in deinen Augen, deine neue Art zu reden, wahrzunehmen. Dass er die Schwingung, die du in ihm auslöst, zulässt. Wenn der andere die Liebe selbst noch nicht gefunden hat, dann bist du mit deiner Liebe allein. Es gibt kein Mittel, sie ihm mit Worten und Erläuterungen zu geben. Ebenso ist es mit allen Erfahrungen: Freundschaft, Sehnsucht, Trauer, Einsamkeit, Nähe. Alles wirklich Existenzielle ist mit dem Verstand nicht fassbar.

Aus diesem Grund hat sich Jesus nicht darum bemüht, seine Botschaft mit rationellen Argumenten zu erläutern. In diesem konsequenten Vorgehen liegt die große Wirkung begründet, die seine Botschaft entfaltet hat – unabhängig von dem kulturellen Hintergrund der Menschen und unbeeinflusst von den wissenschaftlichen, philosophischen und technologischen Entwicklungen, die die Welt seit Jesus verändert haben.

Umso erstaunlicher sind die innere Logik und die ästhetische Brillanz der acht Seligpreisungen. Die Menschheit besitzt keinen anderen Text, der in derart geschlossener, kurzer und präziser Weise den irdischen Weg eines jeden Menschen beschreibt: Vom beginnenden Aufflackern der Bewusstheit – dem ersten Lichtstrahl in der Dunkelheit –, über das vollständige Aufblühen des Individuums bis an das Tor zur Erleuchtung.

Aber in dieser Vollkommenheit liegt die Verführung, Jesu Worte ausschließlich mit dem Verstand erfassen zu wollen, und damit die ganze Tiefe ihrer Botschaft zu verpassen. Wenn du eine Symphonie von Mozart hörst oder ein Landschaftsbild von Monet betrachtest, dann erfasst dich ihre Schönheit und emotionale Wucht unmittelbar. Sie umgehen deinen Verstand und erreichen dich direkt. Sobald du sie zu analysieren versuchst und sie in einzelne Teile zergliedern willst, beginnen sie, sich dir zu entziehen. Etwas Vollkommenes analysieren zu wollen, ist schlicht überflüssig. Die Schönheit von Mozarts Musik liegt nicht in den einzelnen Noten begründet, die Ausstrahlung von Monets Bildern lässt sich nicht in den einzelnen Farbtupfern aufspüren – du erfährst sie nur, indem du dich auf ihre Gesamtheit einlässt und dich ihr hingibst. Du musst dich ihr mit **deiner** Gesamtheit, mit deinem Körper und deinen Sinnen, mit deinen Gefühlen, mit deinen Freuden und Ängsten ausliefern – nur dann werden sie ihre ganze Wirkung in dir entfalten.

Es ist wesentlich, sich auch Jesus auf diese Weise zu nähern. Wie kannst du dies tun? Lies seine Worte und lies auch dieses Buch, indem du beim Lesen in Kontakt mit deinem Körper bleibst. Spüre immer wieder zu deinem Körper hin, versuche, die Verbindung nicht abreißen zu lassen. Wenn du das schon erlernt hast, dann lies sogar von deinem Herzen her. Lies diesen Text nicht als Wissenschaftler, Philosoph oder Theologe. Denn du bist in deinem Wesen kein Wissenschaftler, Philosoph oder Theologe. Nimm die ganze Musik, die ganze Schwingung dieser Worte in dir auf. Dann wird die vollständige Botschaft beginnen können, dich zu erreichen: In deiner Wahrheit, in deinem innersten Kern, bist du Jesus.

Die Seligpreisungen

Als Jesus die vielen Menschen sah, stieg er auf einen Berg.
Er setzte sich, und seine Jünger traten zu ihm. Er begann
zu reden und lehrte sie.
Er sagte:

Selig, die arm sind vor Gott;
denn ihnen gehört das Himmelreich.

Selig die Trauernden;
denn sie werden getröstet werden.

Selig, die keine Gewalt anwenden;
denn sie werden das Land erben.

Selig, die hungern und dürsten nach der Gerechtigkeit;
denn sie werden satt werden.

Selig die Barmherzigen;
denn sie werden Erbarmen finden.

Selig, die ein reines Herz haben;
denn sie werden Gott schauen.

Selig, die Frieden stiften;
denn sie werden Söhne Gottes genannt werden.

Selig, die verfolgt werden um der Gerechtigkeit willen;
denn ihnen gehört das Himmelreich.

Mt. 5,1-10

Das Himmelreich
Die ersten beiden Seligpreisungen

Was ist Bewusstheit? Das ist die einzige Frage, die Jesus interessierte. Und das ist die einzige Frage, die für dich wirklich von Belang ist. Alles, was Jesus je gesagt und demonstrativ getan hat, ob er vom Himmelreich sprach oder von der Möglichkeit, selig zu sein, ob er sagte, dass es nötig sei, ihm, Jesus, zu folgen, ob er davon sprach, sich nicht mehr zu sorgen oder davon, seine Feinde lieben zu lernen – immer geht es darum, wie du den Nebel aus Unbewusstheit auflösen und zu dir selbst zurückfinden kannst.

Stelle dir vor, es ist Sonntagmorgen, die Sonne scheint, es gibt keine Sorgen, und es beginnt für dich ein wundervoller Tag. Du kannst in Ruhe frühstücken und hast alle Zeit der Welt, um die Dinge zu tun, auf die du dich freust. Dir geht es gut, du fühlst dich glücklich. Du schaust aus dem Fenster – da siehst du plötzlich, wie dein Nachbar, während er sein Auto zu wenden versucht, gegen dein Gartentor stößt und es beschädigt. Von einer Sekunde auf die nächste ist deine gute Laune dahin. Du bist aufgebracht, wütend – und du kannst nichts gegen diesen Stimmungsumschwung tun. Du bist nicht in der Lage, deine Ausgeglichenheit zu bewahren. Deine Wut hat dich im Griff und diktiert, wie du diesen Sonntag erleben wirst. Wie kommt das?
Oder: Du liebst deine Arbeit. Jeden Tag gehst du gern in die Firma. Du bist geachtet in deinem Team, deine Mei-

nung wird gehört, und du verdienst genügend Geld. Dann wechselt dein Chef. Es kommt ein neuer Vorgesetzter – und der hat aus unerfindlichen Gründen ein Problem mit dir. Er beachtet dich nicht, schneidet dich sogar offen. Nun freust du dich nicht mehr auf deine Arbeit. Tag für Tag musst du dich jetzt zwingen, wenigstens das Notwendige zu tun. Eigentlich denkst du sogar darüber nach, zu kündigen und in einem anderen Unternehmen eine Anstellung zu suchen – und zugleich fürchtest du, dass dein neuer Chef dich lossein möchte und insgeheim deine Kündigung betreibt. Was geschieht da? Warum kannst du dir die Freude an deiner Arbeit nicht bewahren?

Ein drittes Beispiel: Du bist frisch verliebt. Du hast eine Partnerin oder einen Partner gefunden, mit dem es dir wirklich gut geht, und der dich ebenfalls liebt. Eure Gemeinsamkeit ist wundervoll, alles ist leicht, romantisch, intensiv. Doch dann bemerkst du, dass dein Partner auch auf andere Menschen offen zugeht. Er ist nicht allein auf dich fixiert. Deine Eifersucht kocht hoch. Vielleicht lässt sich dein Partner sogar sexuell auf andere Menschen ein? Eure ganze Romantik ist dahin. Das, was früher so schön und leicht zwischen euch gewesen ist, schlägt um in Enge, Vorwurf und Leid. Deine Eifersucht, einmal geweckt, hat dich fest im Würgegriff. Du kennst keine Möglichkeit, sie loszuwerden. Du bist ihr ausgeliefert. Woher kommt das?

Deine Abhängigkeit von äußeren Ereignissen hat **einen einzigen** Grund: Du kennst deine Gefühle und die Handlungsmotive nicht, zu denen dich deine Gefühle antreiben. Du weißt nicht, was dich antreibt, deswegen bist du ein Getriebener.

Von deinem Nachbarn, der dein Gartentor beschädigt, siehst du dich rücksichtslos behandelt, und dies löst bei dir womöglich das Gefühl aus, minderwertig zu sein. Das willst du nicht zulassen und bekommst Wut auf ihn. Schaust du genauer hin, erkennst du, dass du aus dieser Minderwertigkeit heraus dein ganzes Haus erbaut und es mit einem schönen Zaun und einem eindrucksvollen Tor umgeben hast. Du wolltest zeigen, dass du es zu etwas gebracht hast, dass du erfolgreich bist und die Achtung der anderen verdienst.

Dein neuer Chef, der dich nicht so beachtet, wie du es gewohnt bist, löst in dir vielleicht das Gefühl von Ohnmacht aus. Du fühlst dich ihm ausgeliefert, du bist nicht mehr Herr der Lage. Womöglich führt er gegen dich etwas im Schilde, und du hast keinen Einfluss darauf. Schaust du genauer hin, erkennst du, dass du dich, genau um dich nie ohnmächtig zu fühlen, bisher unerbittlich in der Firma emporgearbeitet hast. Du wolltest selbst entscheiden, du wolltest unabhängig sein, du wolltest Einfluss auf die Entscheidungen gewinnen. Das hat dich angetrieben, und du hast es nicht bemerkt. Dein neuer Chef, oder, genauer ausgedrückt: deine Wut auf ihn gibt dir die Möglichkeit, das zu durchschauen.

Dein Partner, der auch für andere Menschen offen bleibt, konfrontiert dich vielleicht mit deiner Angst davor, einsam zu sein. Eure Liebe hat dir diese Einsamkeit genommen, das war das eigentliche Geschenk an dich, und nun lässt ausgerechnet dein neuer Partner dich allein.

Die Motive, die du nicht kennst, zwingen dir unerbittlich ihren Willen auf. In dem Augenblick, in dem sie nicht mehr bedient werden, werden sie aktiv und bestimmen, dass du dich schlecht fühlst. Deine beständig sich ändernden – und zugleich unbewussten – Bedürfnisse machen dich zu einem Blatt im Wind deiner Stimmungen. Du glaubst, deine Lebensfreude sei abhängig von den Ereignissen in deiner Umwelt. Du fühlst dich gut, wenn deine unbewussten Motive befriedigt werden, und du fühlst dich schlecht und leidest, wenn sie nicht bedient werden.

Zugleich hindern dich unbewusste Motive daran zu erkennen, was wirklich geschieht. Du kannst die Realität nicht sehen. Dies äußert sich genau in den Vorwürfen, die du anderen Menschen machst. Deinem Nachbarn, der deine Grenzen nicht wahrt, wirfst du Rücksichtslosigkeit vor, deinem Chef Machtmissbrauch und deinem Partner Untreue. Du glaubst, sie wären die Ursache dafür, dass es dir nicht gut geht, du glaubst letztlich sogar, sie würden gegen dich handeln. Aber all das ist nicht wahr. Sie handeln aus ganz anderen Gründen, sie haben ganz andere, eigene Motive, die ihnen ebenfalls nicht bewusst sind. Würdest du das erkennen, würdest du tausend neue Möglichkeiten finden zu reagieren, und deine Lebensfreude würde von anderen Menschen nicht mehr gestört werden. Du würdest die Realität erkennen.

Entweder lebst du in der Welt der Realität oder in der Welt deiner Motive. In der Welt deiner Motive ist alles Sorge, Stress und Druck, unterbrochen von kurzen Phasen der Ruhe, die du als Glück empfindest. In der Realität ist alles einfach nur wahr. Dort gibt es keine Sorgen, sondern Intensität und Wahrheit. Entweder ist alles voller Ängste, oder es gibt überhaupt keine Angst.

Die Frage ist also: Wie kommst du aus der Welt deiner Motive zurück in die Realität? Wie kommst du aus dem Traum in die Wirklichkeit? Wie kannst du erwachen?

Mit allem, was Jesus getan und gesagt hat, gibt er dir die Antwort auf diese Frage. Und seine erste Antwort sind die »Seligpreisungen«. Diese Worte sind ein vollständiger Wegweiser, sie enthalten eine komplette Abfolge von Schritten, die du gehen kannst, um zur Wahrheit vorzudringen.

Gleich mit der ersten Seligpreisung spricht Jesus von der ganzen Wahrheit. Sie ist wie ein Hammerschlag, wie ein Erdbeben. Eigentlich gehört sie an das Ende der acht Seligpreisungen, denn sie ist ein Fazit aus allen anderen. Doch Jesus hatte sich entschlossen, gleich am Anfang die endgültige Antwort auszusprechen:

> *Selig, die arm sind vor Gott;*
> *denn ihnen gehört das Himmelreich.*

Nie ist die Botschaft vom Sinn des Daseins auf der Erde in einer so kurzen, prägnanten und schönen Weise ausgesprochen worden, wie mit diesen Worten:

> *Selig, die arm sind vor Gott;*
> *denn ihnen gehört das Himmelreich.*

Was bedeutet es, *arm* zu sein *vor Gott*? Wieso ist man dann *selig*? Und was ist das *Himmelreich*? Um diese drei Fragen dreht sich die gesamte Botschaft Jesu. Sein ganzes Dasein weihte er der Bemühung, den Menschen verständlich zu machen, was mit diesen Aussagen gemeint ist. Dafür hat er gepredigt, geheilt und letztlich sein eigenes Leben losgelassen.

Um diese drei Fragen dreht sich auch das vor dir liegende Buch.

Wann bist du *arm vor Gott*? Du bist arm vor Gott, wenn nichts mehr zwischen dir und Gott steht. Wenn kein Schutzschild, kein Panzer, nicht einmal ein Kleidungsstück dich von Gott trennt. Arm vor Gott bist du, wenn du *nackt* vor Gott bist.

Woraus besteht der Schutzpanzer, der dich von Gott trennt, und wie kannst du ihn fallen lassen? Die Möglichkeit, deine Trennung von Gott zu durchschauen und sie aufzuheben, bietet dir die materielle Welt, in der du jetzt lebst. In der Materie hast du die Gelegenheit, Gott in seinen vielen Erscheinungsformen zu begegnen. Er begegnet dir in den anderen Menschen, auf die du triffst, in den Tieren und Pflanzen, in den Lebensumständen und Schicksalsschlägen, die du erfährst. Liefere dich ihnen aus, durchschaue alle Schutzpanzer, die du dir gegen das Leben erschaffen hast. Lerne, nackt vor das Leben zu treten, dann stehst du auch nackt vor Gott.

Hast du dich schon einmal gefragt, wozu deine Seele diese Strapaze auf sich genommen hat, dich zu erschaffen? Sie durchlief einen äußerst komplizierten Geburtsprozess, dann durchlebte sie mit dir eine Kindheit – unter Menschen, die deine Bedürfnisse kaum verstehen konnten. Damit stürzte sie dich in eine bodenlose Einsamkeit. Du bist Krankheiten, Schicksalsschlägen, Glück und Unglück, Liebe und Angst ausgesetzt – wozu das alles? Was ist der Gewinn für deine Seele, indem sie dich in die Welt wirft? Das einzige, was Körper und Psyche ihr bieten, und wofür sich dieser ganze Aufwand lohnt, wirklich lohnt, sind **Erfahrungen**. Ohne deinen Körper kann deine Seele keine Gefühle spüren, kann sie Einsamkeit nicht erleben, kann sie Hunger, Durst, Sonnenuntergänge, Kälte, Wärme, Nähe zu anderen Menschen nicht erfahren. Dein Körper ist der Resonanzraum, der das Dasein in sich aufnimmt und somit erlebbar macht. Er ist das Tor deiner Seele zur materiellen Welt.

Doch kaum warst du auf der Welt angekommen, hast du begonnen, den Erfahrungen, die sich dir anboten, auszuweichen. Statt sie zuzulassen und sie zu suchen, verhältst du dich so, als seien sie eine Gefahr.

Deine Seele will Erfahrungen machen mit Nähe und Distanz zu anderen Menschen, doch die Distanz willst du meiden. Du versuchst, deinen Partner festzuhalten, du willst ihn immer um dich haben, weil du Trennung fürchtest. Oder du lässt dich erst gar nicht auf tiefere Begegnungen ein, weil du die vermeintlichen Verletzungen verhindern willst, die bei allzu großer Nähe eintreten könnten.

Deine Seele will Kreativität freisetzen; doch du tust deine Arbeit, um Geld zu verdienen, um erfolgreich zu sein, weil du glaubst, auf diesem Weg Anerkennung zu finden und nur auf diese Weise wertvoll zu sein.

Die Seele will mit Hilfe des Körpers die Natur spüren. Sie will Erde, Bäume, Wasser, Regen, Wind und Sonne erleben. Doch kaum bist du in der Natur, kreisen deine Gedanken um irgendwelche Konflikte. Oder du rufst dir die Namen der Pflanzen und Tiere ins Gedächtnis und glaubst, es gelte, die Natur wissenschaftlich zu ergründen. Anstatt dich mit der Natur zu verbinden, sie in dich eindringen und damit zur Erfahrung werden zu lassen, verlierst du dich in *Gedanken* über das Leben oder über die Natur.

Du hast die Erfahrung bereits gemacht, dass du die Dinge immer dann am intensivsten und unmittelbarsten erlebst, wenn du ihnen zum erstenmal begegnest – solange deine Erwartungen und Befürchtungen noch nicht zwischen euch getreten sind.

Du verliebst dich in jemanden. Die ersten Begegnungen, während ihr beide voneinander kaum mehr wisst als eure

Namen, haben einen Zauber und eine Intensität, die später nicht wieder erreicht werden. Ihr lernt euch näher kennen, eure Neigungen und Ängste, eure Gewohnheiten. Jetzt beginnt sich vieles zwischen euch zu stellen: Das, was ihr vom anderen erhofft und was ihr fürchtet, was ihr glaubt, wie Beziehungen zu sein hätten. Tausend Dinge, die ihr über euch und das Leben denkt, beginnen euch zu beeinflussen. Die Unmittelbarkeit der ersten Begegnung ist nicht mehr möglich.

So ist es mit allem, was du erlebst: Du kannst dem Dasein nicht begegnen, weil du dich unwillkürlich an deinen Gedanken über das Dasein orientierst. Lasse alles fallen, was du vom Leben denkst, und du gewinnst das Leben. Genau dies meinte Jesus, als er zu seinen Jüngern sagte: *Wer sein Leben zu erhalten versucht, der wird es verlieren; und wer es verlieren wird, der wird es gewinnen.* Wenn du fallen lässt, was du für das Leben hältst, dann wirst du das Leben finden. Wenn es dir jedoch gelingt, an deinem Glauben über die Realität festzuhalten und dich darin einzurichten, dann wirst du sterben und das Dasein wieder verlassen, ohne das Leben gefunden zu haben.

Aber du wirst nicht nur lebendig sein und die Wirklichkeit erfahren, wenn du deine Gedanken nicht mehr für die Wirklichkeit hältst. Weit darüber hinaus wirst du, sagt Jesus in der ersten Seligpreisung, *selig* sein. Warum ist das so?

Um dies zu durchschauen, ist es wichtig, zuerst zwei Fragen zu beantworten: Warum drängen sich überhaupt deine Gedanken zwischen dich und die Realität? Und woher gewinnen sie so viel Energie, dass du deine Gedanken als Realität siehst und durch ihren Nebel hindurch die Wirklichkeit nicht mehr erkennen kannst?

Wie deine Gedanken Macht über dich gewinnen, wird deutlich, wenn du dich selbst beobachtest und dich fragst, wovon sie eigentlich angetrieben werden, und wie es geschehen kann, dass sie unnachgiebig in dir kreisen. Du kennst diese Situation: Du gehst spazieren, dich umgibt eine wundervolle Natur: Bäume, Bäche, überraschende Lichtungen. Aber du kannst dich auf die schöne Umgebung gar nicht richtig einlassen, weil du innerlich beispielsweise mit deinem Bruder einen Streit ausfichst, von dem du dich übervorteilt siehst.

Warum sind solche inneren Dialoge derart hartnäckig, dass sie stunden- oder gar tagelang anhalten können? Es sind nicht die Gedanken an sich, die dich treiben. Es sind deine inneren Wunden, die mit diesen Gedanken verbunden sind. Vielleicht fühlst du dich von deinem Bruder missverstanden, und in deinem inneren Dialog rechtfertigst du dich vor ihm. Vielleicht fühlst du dich von deinem Bruder geringschätzig behandelt, und du sehnst dich danach, ein starkes Selbstwertempfinden zu haben. Vielleicht ist dein Bruder bereits von euren Eltern bevorzugt worden, und dein innerer Dialog gewinnt seine Energie aus deiner Sehnsucht nach der Liebe deiner Eltern.

All deine Gedanken drehen sich stets um deine Hoffnungen und deine Befürchtungen – und werden von diesen angetrieben. Andere Gedanken dringen gar nicht in dich vor. Deinen Nachbarn, der mit seinem Wagen dein Gartentor rammt, erlebst du als Bedrohung für dein Selbstwertempfinden, vom Chef, der dich ignoriert, siehst du deine Freiheit eingeschränkt, und deinen Partner empfindest du als untreu, wenn er dich der Einsamkeit aussetzt. Arbeiten gehst du, um Geld zu verdienen, Sport treibst du, um gesund zu sein, und die Natur benutzt du für deine Erholung. Getrieben von deinen Motiven bist du nie eins mit dem Dasein.

Jedes Mal, wenn das Kreisen deiner Gedanken um deine Wünsche und Ängste kurz zum Stillstand kommt, dann breitet sich in dir Ruhe aus, dann kommt Stille. Du kennst solche Momente, und du warst jedes Mal berührt von dir selbst, wenn sie eingetreten sind. Du hast sie als Glück erfahren. Wenn du einen Erfolg errungen hast oder eine Gefahr von dir abwenden konntest, wenn es möglich war, dich zurückzulehnen und du nicht mehr kämpfen musstest, dann empfandest du dich als glücklich: Es gibt für den Augenblick nichts mehr zu tun. Du musst nichts erreichen und nichts abwehren. Es kommt Stille. Das Schweigen deiner Motive ermöglicht die Stille. Vielleicht hast du diese Stille auch während eines Gebetes erfahren oder bei einer Yoga-Übung. Oder sie ist dir in der Meditation begegnet, als du, womöglich ohne genau zu verstehen, was dabei geschieht, plötzlich ganz in dich eingesunken bist.

Diese Stille ist ein Vorbote der Seligkeit. Sie kann sich noch nicht zur ganzen Seligkeit entfalten, weil sie mit jedem neu aufkommenden Motiv sogleich wieder zerstört wird. Kaum kommt eine neue Sorge, kaum begegnet dir wieder ein Mensch, mit dem du einen Konflikt austrägst, – sofort bist du erneut in deine Bemühungen verwickelt und hast das Glücksempfinden verloren. Dadurch entsteht der Glaube, dass Glück nur kurz und flüchtig sein könne. Doch das Wesen des Glücks, die Stille, kannst du in dein ganzes Leben einfließen lassen, in alle deine Handlungen, in deine Ziele, in dein Denken, in die Träume. Dann wird die Stille zur Seligkeit. Wie kannst du dies tun?

Es genügt, dass du die in dir aufkommenden Motive **bemerkst**. Du musst sie nicht loswerden, sie nicht vernichten oder verbannen; es reicht, wenn du dich nicht mit ihnen identifizierst, indem du sie bemerkst, indem du zu ihrem Beobachter wirst, während sie aktiv sind und während du handelst. Indem du sie beobachtest, schaffst du eine Distanz zu ihnen, du fällst nicht mehr in sie hinein. Die Stille beginnt, in deinem Leben Raum zu greifen, sie breitet sich aus, du verlässt sie nicht mehr. Nach einiger Zeit, plötzlich, wirst du erkennen, dass nicht du es bist, der die Motive hat und der handelt. Dann bist du ganz in die Stille gefallen. Dort ist NICHTS – STILLE. Du bist nicht der Körper, der die Erfahrungen macht, du bist auch nicht die Erfahrung, sondern du bist zum Zeugen der Erfahrungen geworden. Dann wirst du mit einem Schlag wissen, was Seligkeit ist. Dann hast du das Himmelreich mitten im Leben errichtet.

Mit Armut meint Jesus also nicht materielle Armut, sondern das arm sein *vor Gott*. Ein reicher junger Mann kam zu Jesus und fragte ihn, wie er das »ewige Leben« erwerben könne. Der junge Mann hatte sich seit seiner Jugend darum bemüht, rechtschaffen zu sein. Er hielt sich an die Gebote, vermutlich betete er regelmäßig. Doch Jesus stellte ihn auf eine Probe. Er sagte zu dem jungen Mann: *Es fehlt dir noch eines. Verkaufe alles, was du hast, und gib's den Armen, so wirst du einen Schatz im Himmel haben.* Daraufhin wendete sich der Mann enttäuscht von Jesus ab und ging weg. So viel Mühe hatte er aufgewendet, sein Vermögen zu erwerben und zu sichern – und nun sollte er es einfach hergeben? Dies wollte er nicht hören. Es war natürlich nicht der Reichtum an sich, der den jungen Mann daran hinderte, selig zu sein. Es waren die vielen Motive, die ihn an den Reichtum banden, und die ihn daran hinderten, sich selbst zu finden. Es ging nicht darum, seinen Besitz loszulassen, sondern sein **Begehren** danach. Hätte er lediglich seinen Reichtum aufgegeben, aber nicht sein Streben nach Reichtum, so wäre überhaupt nichts gewonnen gewesen. Der junge Mann hätte bereit sein müssen, bereits im Leben zuzulassen, was im

Tod ohnehin geschehen würde: Den Verlust aller materiellen Werte. Dann hätte er die Illusion durchschauen können, die er um sich errichtet hatte. Dann hätte er schon im Leben ins Himmelreich fallen können.

Materieller Reichtum drängt danach, sich zu vermehren. Und der Reiche hat Freude daran, seinen Reichtum sich vermehren zu sehen. Er besitzt eine Begabung dafür, dies geschehen zu lassen. Jesus sagte nun dem reichen jungen Mann: Das, was du jetzt ansammelst und anhäufst, das wirst du notgedrungen vollständig verlieren. Du verhältst dich in deinem eigenen Verständnis völlig absurd. Nutze deine Begabung, um **das** wachsen zu lassen, was dir der Tod **nicht** nehmen kann: *Dann wirst du einen Schatz im Himmel haben.* Hast du diesen Schatz erworben, dann kannst du ihn nicht nur nicht verlieren, sondern dann wird dir alles, was du je brauchst, ohne Anstrengung zufallen. Wenn du diesen Schatz jedoch nicht findest, dann wirst du notwendiger Weise alles verlieren, was du je zu besitzen glaubtest. Das ist der Sinn der Worte, die Jesus an anderer Stelle ausspricht: *Dem wer da hat, dem wird gegeben werden, dass er die Fülle habe; wer aber nicht hat, von dem wird auch das genommen werden, was er hat.*

Bemerkenswerterweise fragt in dieser überlieferten Geschichte der reiche junge Mann Jesus nicht, wie er glücklich, gesund oder selig werden könne, sondern er fragt, wie er das »ewige Leben« erwerben könne. Wann hat jemand das ewige Leben erworben? – Das ewige Leben hat der erworben, der sich daran **erinnert**, der die Erkenntnis zurückgewonnen hat, dass es den Tod nicht gibt, und dass er selbst in Wahrheit immer existiert. Es ist für die meisten Menschen unvorstellbar, dass dies ein reales Wissen sein und dass man von diesem Wissen aus in die materielle Welt gehen kann. Sie können sich dies deswegen nicht vorstellen, weil sie keinen Kontakt zu dem haben, was der Tod nicht zu nehmen vermag. Diesem Etwas haben sie keinen Raum in sich gegeben, es ist verdorrt, wie nicht da. Deswegen ergänzt Jesus unmittelbar im Anschluss an seine Worte über die Fülle und über das Haben und Nichthaben: *Denn mit sehenden Augen sehen sie nicht und mit hörenden Ohren hören sie nicht.* Sie glauben, der Tod würde alles nehmen und alles beenden. Jesus sagt nun: Nutze deine Lebenszeit, um das zu finden, was vom Tod unberührt ist. Was du bei dieser Suche finden wirst, **ist genau das Himmelreich** – es ist mit den äußeren Augen und Ohren nicht wahrnehmbar. Das ist die unerhörte Wahrheit, dass es möglich ist, das zeitlose Himmelreich und die endliche Materie in **Einem** zu vereinen und zu erfahren – in dir. Ein Reicher, jemand also, dem es gelungen ist, die materielle Welt seinen vermeintlichen Bedürfnissen unterzuordnen und gefügig zu machen, wird diesen unerhörten Schritt kaum gehen können. Es ist für ihn unvorstellbar, dass es etwas geben kann, das der Tod nicht nimmt – und dass dies sogar noch wertvoller sein soll als das, was er sich so mühevoll erworben hat. Deswegen sagte Jesus nach dem Gespräch mit dem jungen Mann zu seinen Jüngern: *Es ist leichter, dass ein Kamel durch ein Nadelöhr gehe, denn dass ein Reicher in das Reich Gottes komme.* Die Jünger waren über diese Worte ihres Meisters entsetzt. »Wer kann dann überhaupt selig werden?«, fragten sie sich.

Wenn du gefunden hast, was dir der Tod nicht nehmen kann, dann weißt du, dass das Leben ewig IST. Der Tod, den die anderen als das Ende ansehen und fürchten, wird für dich dann ein Übergang, eine großartige Erfahrung sein – die großartigste und tiefste deines Lebens.

Die Möglichkeit, sich freizumachen von dem Glauben, die materielle Welt sei alles, fand im Neuen Testament einen symbolischen Ausdruck in der Erzählung von der »Tempelreinigung« – der Vertreibung der Händler und Geldwechsler aus dem Gotteshaus. Jesus war mit seinen Jüngern nach Jerusalem gekommen und fand das Zentrum des jüdischen Glaubens in einen Marktplatz verwandelt vor: Geldwechsler und Händler, die Opfertiere verkauften, drängten sich, um aus der Suche der Menschen nach Gott einen Gewinn zu erzielen. Jesus warf die Tische der Kaufleute um und vertrieb sie aus dem Tempel mit den Worten: *Mein Haus soll ein Haus des Gebets genannt werden. Ihr aber habt es zu einer Räuberhöhle gemacht.*

Gott kann in den Tempel nur einziehen, wenn der Tempel frei ist von allen Motiven, aus Gott ein Geschäft zu machen – wenn er leer ist. Viele Menschen versuchen sogar noch, ihre Gebete zu einem Handel mit Gott zu machen, indem sie sich an Gott wenden mit Wünschen und Forderungen – und indem sie glauben, ihre »Frömmigkeit«, ihre vermeintlich guten Taten oder ihre »Buße« für »schlechte« Taten als Währung einsetzen zu können. Es gibt kaum eine größere Selbstverleugnung, als ein solches Ansinnen – die Gott zudem nahezu jeder Möglichkeit enthebt, mit dem Betroffenen in Kontakt zu treten. Alles, was du brauchst, alles, was du dir je erhofft hast und erhoffst, es steht dir zu – **ohne jede Gegenleistung**. Gott hält es vom ersten Atemzug deines Lebens an für dich bereit – und will es dir geben. Das einzige Hindernis, dieses Geschenk anzunehmen, ist dein Glaube, es **verdienen** zu müssen – ist dein Versuch, dich vor Gott zum Händler und Geschäftsmann zu machen. Vertreibe diesen Geschäftsmann und Händler in dir. Lasse alle Motive frei, und du verschmilzt mit Gott, ein Mangel ist nicht mehr möglich. Der Tempel – dein Leib und dein Geist – muss leer werden, damit du zu Gott und Gott zu dir kommen kann.

Das Himmelreich tritt ein, wenn du dich gefunden hast – wenn du zurückgefallen bist in die Stille, in das NICHTS, in den Beobachter all deiner Erfahrungen. Dies kannst du nur innen tun. Mit keiner Handlung in der äußeren Welt kannst du Erlösung finden. Deswegen sagt Jesus: *Mein Reich ist nicht von dieser Welt.* Und seinen Jüngern sagt er: *Das Reich Gottes kommt nicht so, dass man es beobachten kann. Man wird auch nicht sagen: Siehe, hier ist es!, oder: Da ist es! Denn siehe, das Reich Gottes ist mitten unter Euch.* Du kannst überall in der Welt suchen, und du wirst es nicht finden. Du musst dich an dich selbst wenden. Deine Suche darf *nicht von dieser Welt* sein. Ich bin überzeugt, dass Jesus nicht nur sagte, *das Reich Gottes ist mitten **unter** Euch.* Sondern er sagte: Es *ist mitten **in** Euch.* Martin Luther hatte bei seiner ersten Übersetzung der Bibel in die deutsche Sprache diese Worte so übersetzt: *Denn sehet, das Reich Gottes ist **inwendig in** euch.* Diese Übersetzung ist in den letzten Jahrzehnten stillschweigend in den Bibelübersetzungen übergangen worden.

In der Unfähigkeit, die Tragweite dieses *in euch* zu erkennen, liegt das ganze Unverständnis begründet, auf das Jesus getroffen ist. Seine Botschaft vom Himmelreich wird verwirrend, widerspruchsvoll, letztlich sogar unsinnig, wenn man glaubt, man könne es irgendwo in der äußeren Welt finden. Aus diesem Grund konnte seine Botschaft in den letzten zweitausend Jahren nur wenige Menschen so tief erreichen, dass in ihnen eine wirkliche Transformation möglich wurde.

Die Ursache dafür liegt darin, dass das Abendland keine eigenständige Tradition der Meditation entwickelt hat. So gab es zwar im europäischen Raum, wie überall auf der Welt, eine ganze Anzahl von Menschen, die einen hohen Bewusstheitsgrad oder gar Erleuchtung erlangt haben – auch unter christlichen Würdenträgern. Aber es fehlte eine Methode, die helfen konnte, die Menschen systematisch mit ihrer Innenwelt vertraut zu machen.

Die Juden des Alten Testaments verstanden unter dem »Reich Gottes« noch ein zu erwartendes irdisches, weltförmiges, staatlich geordnetes Reich nach den Prinzipien Gottes, vertreten durch einen König. Doch die gesellschaftliche und politische Realität stand dazu in vollem Gegensatz. Der Kampf um Macht und Reichtum, Kriege und Intrigen konnten in ihrem Bild nicht von Gott gewollt, geschweige denn mit seinen vermeintlichen Grundsätzen vereinbar sein. Und so begannen sie zu warten – auf einen künftigen, irgendwann kommenden und von Gott gesandten Herrscher und Erlöser, der das Himmelreich auf Erden errichten würde. Sie sehnten sich nach einem Messias.

Dann kam Jesus, und ihm wurde sogleich die Rolle des Messias aufgedrängt. Aber er verkündete etwas völlig Unerwartetes: Ihr braucht nicht ewig auf das Reich Gottes zu warten, es ist schon da, es ist in euch. Und ich bin der Bote, der gekommen ist, um euch zu helfen, dies zu erkennen. Das ist meine Funktion: Ich bezeuge, dass ein Menschensohn das Himmelreich auf Erden errichten kann. Er sagte: *Ich bin gekommen, um die Wahrheit zu bezeugen.*

Aber diese Botschaft ist unbequem. Es ist viel leichter, darauf zu hoffen, das Himmelreich von jemandem geschenkt zu bekommen wie einen Schatz, oder wie ein fertiges Haus, das man bezieht – als auf sich selbst zu schauen, sich mit seinen Ängsten zu konfrontieren und den Kampf in der Welt loszulassen. Es ist verführerischer, einem Guru zu folgen, als den Gott in sich selbst zu suchen. So besteht eine der heute gängigen theologischen Interpretationen der Worte Jesu darin, er habe mit dem Reich Gottes sich selbst gemeint. Er habe gesagt: Ich bin das Himmelreich, ich bin der Sohn Gottes, ich bin schon da, mitten unter euch. Und darum würde man selig werden können, indem man an Jesus glaubt.

Doch der Glaube kann niemals dein Wissen, deine eigene Erfahrung ersetzen. Es geht nicht darum, dass du an das Himmelreich glaubst, sondern darum, dass du das Himmelreich **errichtest**! Es geht darum, dass du frei und lebendig bist, dass du dich ganz in dein Leben hineinbegibst, es vollständig auskostest und dabei mit dir und mit Gott eins bist. Der Glaube kann nur eine vorübergehende Hilfe sein, um die Richtung der Suche nicht zu verlieren. Es ist wie mit der Liebe. An sie kann man glauben – an das, was andere, die bereits lieben, von ihr erzählen – oder sie selbst erfahren. Hast du die Liebe kennengelernt, dann ist es sinnlos, weiter an sie zu glauben. Warum an etwas glauben, das man weiß? Solange du die Liebe noch nicht erfahren hast, kann dir der Glaube an sie helfen, auf sie zu warten und nach ihr zu suchen. Aber der Glaube an die Liebe ist niemals ein Ersatz für die Liebe selbst.

Alle wesentlichen Dinge des Lebens kannst du nur **in dir** erfahren: Liebe, Sehnsucht, Schmerz, Freude. Wenn du im zweiten Schritt diese Erfahrungen **in dir** erlöst, dann kommt das Himmelreich.

Doch solange man glaubt, das Himmelreich durch weltliche Ereignisse, durch äußere Handlungen oder durch einen anderen Menschen erhalten zu können – so lange bleiben die Botschaften Jesu nebelhaft und widersprüchlich. Schlägt man bei heutigen Theologen und Philosophen nach, so findet man verbreitet Verwirrung über seine Aussagen, in denen eine »unlösbare Spannung« empfunden wird.

Der Philosoph und Psychologe Karl Jaspers beispielsweise drückt in seiner Jesus-Studie seine Ratlosigkeit so aus: »Das Gewisseste, das wir von Jesus wissen, ist seine Verkündigung: des Kommens des Gottesreiches.« »Aber«, so notiert Jaspers sogleich irritiert, »diese Reichsbotschaft enthält eine merkwürdige Doppelbotschaft. Das Reich wird erst kommen, und es ist schon da.« Es kann jeden Moment kommen, und es ist schon da – wie soll man das verstehen? Jesus geht sogar noch einen Schritt weiter. Er sagt zu seinen Zuhörern: *Ich sage euch, einige von denen, die hier stehen, werden den Tod nicht schmecken, ehe sie das Reich Gottes sehen werden mit Macht!* Wieso werden einige das Gottesreich sehen und andere nicht? Einerseits kommt es erst, und zugleich ist es schon da, als entfaltete Gegenwart, aber nicht für jeden, sondern nur für einige – alles irritierend.

In Wahrheit gibt es überhaupt keine Irritation mehr, die Hinweise von Jesus werden ganz klar und widerspruchsfrei, sobald du erfasst hast, dass das Himmelreich von der ersten Minute deines Lebens an **in dir** auf dich wartet.

Mit dieser ersten Seligpreisung stößt Jesus sofort in das Herz seiner Botschaft vor. Alles ist gesagt. Werden diese Worte verstanden, dann ist das ganze übrige Neue Testament überflüssig. Mit dieser Botschaft begann für die Menschheit eine neue Zeitrechnung. Deswegen gibt es eine Zeit **vor** Christus und eine Zeit **nach** Christus. Nicht mit Buddha, der sechshundert Jahre vor Jesus lebte, nicht mit Mohammed, der sechshundert Jahre nach Jesus lebte, begannen die Menschen, die Jahre neu zu zählen. Die Einfachheit und Klarheit seiner Botschaft und seines Lebens eröffnete eine ganz neue Möglichkeit, auf der Erde zu existieren. Werde arm vor Gott, und du bist frei. Fünfzehn Jahrhunderte nach Jesus sagte Meister Eckhart: »Erst wenn du ganz leer bist, kann Gott in dich eindringen.« Zwanzig Jahrhunderte nach Jesus sagte Osho:»In dem Augenblick, in dem du ohne Motive bist, bist du göttlich.« Aber nichts, was nach Jesus gesagt werden konnte, konnte die Strahlkraft und die Schönheit dieser wenigen Worte wieder erreichen:

> *Selig, die arm sind vor Gott;*
> *denn ihnen gehört das Himmelreich.*

Nach diesem Vers hätte Jesus schweigen können. Aber er wusste, dass weder seine Jünger noch die anderen Zuhörer ihn verstanden hatten. Sie konnten mit seiner Aussage nicht viel anfangen. Er musste genauer werden, er musste an Beispielen erläutern, was er meinte. Aus diesem Grund fügte er der ersten Seligpreisung sieben weitere hinzu. **Alle weiteren Seligpreisungen sind ein Kommentar, eine Erläuterung dazu, wie man arm wird vor Gott.** Sie benennen Teilschritte, sie sind wie die Spiegelungen der Wahrheit in einem Kaleidoskop. Sie sind Fragmente – wichtige Fragmente, aber nur Teile. Wie die Zuläufe zu einem Fluss, deren Wasser sich sammeln muss, um einen mächtigen Strom zu bilden.

Jesus sagt:

> *Selig die Trauernden;*
> *denn sie werden getröstet werden.*

Es ist von ungeheurer Bedeutung, dass Jesus seine Erläuterungen dazu, wie man arm wird vor Gott, mit der Trauer beginnt. Keine der nachfolgenden Seligpreisungen hätte an dieser zweiten Stelle stehen können. Denn die Trauer ist die erste Pforte auf dem Weg zur Selbsterkenntnis. Die anderen sechs Pforten, die mit den weiteren Seligpreisungen bezeichnet werden, lassen sich in unterschiedlicher Reihenfolge öffnen. Aber keine dieser sechs lässt sich öffnen, bevor nicht die erste, die Trauer, durchschritten worden ist.

Ohne deine Trauer entdeckt, erlebt und dich mit ihr ausgesöhnt zu haben, ist keinerlei Bewusstheit möglich. Warum ist das so?

Deine ganze Trauer kommt daher, dass es in deinem Leben noch nie um dich gegangen ist. Wer bist du? Was begehrst du? Worin besteht deine Schönheit? Was ist deine wirkliche Gabe an die anderen Menschen? – Noch nie hat sich jemand dafür interessiert.

Diese Einsamkeit begann bereits in deiner Kindheit – in den ersten Stunden deines Lebens. Du bist in eine Welt der Erwachsenen hineingeboren worden und musstest dich von der ersten Minute an nach ihren Bedürfnissen richten, um überleben zu können. Damit blieben deine eigenen Ansprüche, deine Sehnsüchte, deine Sensibilität, deine umfassende Gefühlswelt unerkannt. Gemeinsam mit der Trauer darüber, nicht akzeptiert zu sein, wie du wirklich bist, musstest du deinen seelischen Reichtum in dir verschließen. Deine Lebendigkeit, deine Spontaneität, dein Trotz, deine ausschweifende Phantasie, deine Zerstörungswut, deine überquellende Vitalität – das alles konnten die Erwachsenen kaum ertragen, geschweige denn verstehen und fördern. Deine Eltern, Großeltern und Lehrer waren nicht in der Lage, ihre eigenen Gefühle und Bedürfnisse wahrzunehmen oder gar authentisch zu leben. Damit waren sie zugleich unfähig, deine Innenwelt mitzuempfinden und dir zu zeigen, dass alles wichtig ist, was in dir geschieht. Sie waren nicht nur unfähig, deine Innenwelt zu schätzen, sie sahen sich sogar gezwungen, sie zu unterdrücken. Somit machten sie dich unbewusst. Unbewusste Erwachsene erzeugen unbewusste Kinder[1].

So viele Träume hattest du, die du den Erwachsenen nicht erzählen konntest, so viele Phantasien, die sie albern fanden, und oft wurdest du sogar bestraft, wenn du Hilfe gebraucht hättest. Damit warst du mit dem Schatz, den du auf die Welt gebracht hast, allein. Du begannst, ihn zu verleugnen. Du verdrängtest ihn. Und dabei begleitete dich eine tiefe Trauer darüber, von niemandem erkannt zu sein. Schließlich musstest du sogar noch diese Trauer verdrängen und vergessen, weil du angewiesen warst auf die Hilfe der Erwachsenen. Wärest du authentisch geblieben, hätten die Erwachsenen dich und hättest du die Erwachsenen nicht ertragen können. Diese seit deiner frühen Kindheit ungesehene Trauer liegt wie eine unsichtbare Grabplatte über deiner Wahrheit. Nicht erlebte Trauer ist das Siegel, das Unbewusstheit verschließt. Darum ist der erste Schritt, wieder zu sich selbst zu finden, das Zulassen von Trauer. Und darum ist die zweite Seligpreisung eine Aussage über die Fähigkeit zu trauern.

Selig die Trauernden;
denn sie werden getröstet werden.

Wie viele Dinge tust du, um deine Trauer nicht erleben zu müssen? Du kämpfst um einen Partner, um nicht allein zu sein. Hätten deine Eltern wirkliche Nähe zu dir herstellen können zu **deinen** Bedingungen, dann wäre ihr Fernbleiben

---

1 Ausführlich ist der Mechanismus, wie Unbewusstheit in der Kindheit entsteht, beschrieben in: »Im Auge des Orkans 1« im Kapitel »Die Angst entstand in der Kindheit«; sowie in: »Im Auge des Orkans 2« im Kapitel »Beziehungen zu Kindern«.

für dich damals keine Bedrohung gewesen – du würdest Einsamkeit heute nicht fürchten.

Du wirst zornig, wenn dich jemand geringschätzt. Dieser Zorn ist der ewige Schmerz, mit deinem ureigensten Wesen noch nie geschätzt worden zu sein.

Du strebst nach Erfolg, weil du das Versagen fürchtest. Du fürchtest dich noch heute zu versagen, weil du schon als Kind Zuwendung nur dann erhalten konntest, wenn du etwas geleistet hast. Du musstest dir die Liebe deiner Eltern verdienen.

Finde die Trauer wieder, die von der ersten Minute deines Lebens an in dich gelegt wurde, und du musst alle diese Dinge nicht mehr tun, die du bisher aus Not tust. Damit fällt der erste Schutzpanzer zwischen dir und dem Leben. Damit beginnst du, dich zu entkleiden vor Gott. Lässt du die Trauer zu, beginnt die Aussöhnung mit dir selbst.

Es ist bemerkenswert, dass Jesus in dieser Seligpreisung auf den Trost hinweist. Warum ist der Trost so wichtig? Was hat er mit der Seligkeit zu tun?

Was ist Trost? Du hast etwas Schmerzhaftes erfahren. Du scheinst untröstlich zu sein. Dann kommt jemand zu dir, der dich liebt. Er nimmt dich in den Arm, und er hört deiner Erzählung darüber zu, woran du leidest. Er hört dir zu und ist berührt von dir. Durch seine Liebe zu dir kannst du anfangen, selbst das zu lieben, was du ihm erzählst – was du erfahren hast und dir Schmerz bereitet. Das ist Trost: Er ist die Erinnerung daran, dass alles immer in Ordnung gewesen ist. Darum ist Trost heilsam. Aber er ist viel mehr als heilsam: Er ist die Erinnerung an das innere Ausgesöhntsein mit dir selbst, an deine innere Einheit. Der Trost ist die Erinnerung daran, dass du göttlich bist.

Selig die Trauernden;
denn sie werden getröstet werden.

Der Schmerz entsteht aus der Illusion, dass du falsch bist. Der Trost ist die Erinnerung an deine innere Einheit. Die Trauer ist die Brücke zwischen beiden.

Sobald du Trauer nicht mehr verhinderst, können deine Erinnerungen dich nicht mehr bedrängen. Die Vergangenheit verliert ihren Einfluss auf dich. Zugleich treibt sie dich nicht mehr in die Zukunft – denn du musst nichts mehr tun, um die Vergangenheit abzuwehren. Du musst keine Ziele erreichen, um nicht als bedeutungslos zu erscheinen – denn du bist bereits ausgesöhnt. Du musst keine Menschen manipulieren, um Liebe zu erhalten – denn du liebst dich selbst. Verschwindet die Angst vor der Vergangenheit, setzt dich die Zukunft nicht mehr unter Druck. Damit gewinnst du die Gegenwart, das Gegenwärtig-SEIN, den Augenblick. Und hier, nur hier, kann Gott dir begegnen.

Die Umkehr
Die Seligpreisungen drei bis fünf

Bist du ausgesöhnt mit deiner Trauer, dann ist das Tor nach innen geöffnet. Es fällt wieder Licht in dich hinein. Nun kann die Reise beginnen. Nun kannst du dich nach und nach erkennen und dich von allen Illusionen lösen, die du dir von dir selbst und von der Realität erschaffen hast.

Auch das Meditieren wird jetzt an Tiefe gewinnen. Bevor du dich mit deiner Trauer bekannt gemacht hast, ist wirkliches Meditieren noch gar nicht möglich gewesen – deine Meditationen glichen eher Entspannungsübungen. Bis zur Stille konntest du noch nicht vordringen, denn sie liegt unter der Trauer. Sobald du begonnen hast zu meditieren und etwas zur Ruhe gekommen bist, wollte deine Trauer sich zeigen, sie wollte aufsteigen, sie wollte sich ausdrücken in deinem Körper. Du konntest sie jedoch noch nicht annehmen. Deswegen wurdest du in der Meditation oft auf unerklärliche Weise unruhig, du bist eingeschlafen, oder du bist wie ferngesteuert aufgestanden und hast die Meditation beendet. Sobald du jedoch deine Trauer kennenlernst und zu lieben beginnst, wirst du beginnen, bis zur Stille vorzustoßen, und die Stille der Meditation wird beginnen, sich in deinem Leben auszubreiten.

Von der dritten Seligpreisung an spricht Jesus in einem ganz anderen Tonfall. Er weiß, dass seine Zuhörer am ehesten seine Botschaft verstehen können, wenn er sie ihnen anhand ihres täglichen konkreten Lebens, anhand ihrer wirklichen Lebensszenen erläutert. Schau genau hin: Die ersten beiden Seligpreisungen sind ganz intim, sie betreffen die Innenwelt: das Nackt-Sein vor Gott und die Trauer. **Alle weiteren Seligpreisungen betreffen das Handeln im Außen, das Verhältnis zur Welt und zu anderen Menschen.** Jesus sagt: Handele nicht mehr so, wie du es gewohnt bist, dann musst du deine Motive durchschauen, dann treten sie vor dich hin, dann kannst du verstehen, wie du innen »tickst«.

Er sagt:

> *Selig, die keine Gewalt anwenden;*
> *denn sie werden das Land erben.*

Solange du deine Trauer nicht gefunden hast, bist du gewalttätig. Denn du tust immerzu zwei Dinge: Du weist die Liebe anderer Menschen zurück. Und du eignest dir die materiellen Dinge, die du zu brauchen glaubst, an, ohne innerlich beteiligt zu sein. Das ist Gewalt.

Warum kannst du die Liebe anderer Menschen nicht zu dir vordringen lassen, wenn du die Trauer nicht zulässt? Der Grund dafür besteht einzig darin, dass die ganze Ursache für deine Trauer in der nicht erhaltenen Liebe während deiner Kindheit liegt. Dir nähert sich ein liebesfähiger Mensch, er ist bereit, dich anzunehmen, wie du bist. Er sieht dich an, er erfasst dein Wesen, er versteht dich – aber nicht nur das: Er interessiert sich sogar für dich. Da schlägt die Trauer hoch darüber, dass du nun von ihm, einem eigentlich fremden Menschen, etwas erhältst, das du damals, in deinen ersten Lebensjahren, als du es am nötigsten gebraucht hättest, nicht bekommen hast von denen, die dir am nächsten standen. Wenn du nicht gelernt hast, diese Trauer zu erleben und auszudrücken, dann bist du gezwungen, den Liebenden zurückzuweisen und ihn zu meiden. Du glaubst, ihn nicht ertragen zu können. Dieser Konflikt ist das größte Hindernis, wenn zwei Liebende versuchen, zueinander zu finden. Die unerlösten Sehnsüchte ihrer Kindheit drängen sich immer wieder zwischen sie. Die Empfindung, nicht ohne den Partner, aber auch nicht mit ihm leben zu können, entspringt diesem inneren Zwiespalt.

Eine weitere typische Erfahrung ist Ausdruck nicht zugelassener Trauer: Mit welcher Macht das Weinen hervorbrechen will, wenn du in einer Notsituation überraschend Hilfe bekommst von jemandem, von dem du Hilfe nicht erwartet hast. Das ist das Weinen deiner Kindheit, das damals nicht geduldet worden war.

Solange du dieses Weinen weiter unterdrückst, wirst du auch die Hilfe anderer nicht annehmen können. Sie wird dich verlegen machen, du wirst dich dafür schuldig fühlen, dass dir geholfen wird, oder du wirst dich als Versager empfinden.

So verschließt dich nicht zugelassene Trauer immer mehr – und häuft immer mehr nicht zugelassene Trauer an. Dieser ganze innere Stau, diese Wut, die sich ansammelt, sucht ihren Weg nach außen – und findet ihn.

Die Wunden, die du in dir nicht geschlossen hast, wirst du unweigerlich in der materiellen Welt zu schließen versuchen: Du trittst gewalttätig auf. Das Gefühl, minderwertig zu sein, das du vor dir selbst verleugnest, wird dich zu geschäftlichem Erfolg treiben. Du wirst dabei deine »Ellenbogen einsetzen«, andere damit in die Minderwertigkeit stoßen und dich auf diese Weise sicher fühlen.

Die Einsamkeit, mit der du nicht ausgesöhnt bist, wird dich auf die Suche nach einem Partner schicken, den du an dich zu binden versuchst, nach Möglichkeit dauerhaft, bis dass der Tod dich von deiner Einsamkeit wieder erlöst. Deinem Partner wirst du jede Eigenständigkeit, die bei dir Einsamkeit auslöst, als Untreue vorwerfen und ihn unter Druck setzen. Die Nöte und Reaktionen, die dadurch in ihm ausgelöst werden, bleiben dir unverständlich.

Solange du aus innerer Not handelst, solange du ein Ertrinkender bist, der endlich einmal seine Bedürfnisse befriedigt sehen will, solange kannst du die Empfindungen und Nöte anderer Menschen nicht sehen. Was sie erfahren, wird dir erst zugänglich sein, wenn du nicht mehr in Not bist, wenn dein Blick nicht mehr nur allein auf deine Wünsche gerichtet ist. Bevor dies geschieht, wird alles, was du tust, ein Nehmen, ein Einverleiben, ein Besitz-Ergreifen nur für dich selbst – ein Raub sein.

Das Wesen und die Quelle aller Gewalt ist das Handeln ohne innere Beteiligung. Gewalt **ist** Handeln ohne innere Beteiligung. Gewalt ist Handeln aus innerer Not.

Der elementare Vorwurf, den Menschen, die Gewaltakten ausgesetzt gewesen sind, an ihre Peiniger richten, ist der der Gleichgültigkeit: »Ihm war es völlig egal, wie es mir dabei ging.« Diesen Zusammenhang gilt es wirklich zu verstehen: Ob eine Handlung, die du ausführst, gewalttätig ist, entscheidet sich allein daran, ob du dabei innerlich beteiligt bist.

Häufig wird an dieser Stelle entgegnet: Wenn jemand einen anderen Menschen tötet oder körperlich verletzt – dann ist es doch unwesentlich, was der Täter dabei innen erlebt hat. Dies scheint richtig zu sein. Es erweist sich aber nur auf den ersten Blick als wahr. Ein Mensch, der fähig ist, mitzuempfinden, was sein Tun auslöst, kann nicht mehr sehenden Auges töten oder die körperliche Integrität anderer beschädigen. Ein bewusster Mensch, der sich selbst durchschaut hat, übt **keinerlei** Gewalt mehr aus – auch, wenn er kraft- oder gar machtvoll handelt.

Eine der wirkungsvollsten Methoden, um verurteilten Gewalttätern – Menschen, die andere ermordet oder vergewaltigt haben – die Möglichkeit zu geben, wieder gewaltfreie Beziehungen zu anderen Menschen einzugehen und sie auf diese Weise in das gesellschaftliche Leben zu integrieren, besteht darin, sie mit den Schmerzen ihrer Opfer oder deren Familien zu konfrontieren. Die Verurteilten müssen den Berichten darüber zuhören, was die Opfer durch die Aggression erfahren und erlitten haben. Sie müssen den Opfern in die Augen schauen. Warum ist das eine Hilfe? – Es wird in dem Gewalttäter Betroffenheit ausgelöst. Er beginnt, seine Handlungen aus einem neuen Blickwinkel zu sehen, der ihm vorher nicht zugänglich war – aus der Sicht des Opfers. Diese Betroffenheit ist das Tor, das es ihm ermöglicht, seine eigenen Schmerzen wiederzufinden. Geht er diesen Schritt, so wird er frei werden von dem Drang oder von dem Glauben, sich gegen andere wenden zu müssen.

Ein unbewusster Mensch folgt blind seiner Überzeugung, sich selbst schützen und sich gegen andere durchsetzen zu müssen. Er bemerkt nicht, wie viele Schmerzen er damit um sich erzeugt. Er glaubt vielleicht sogar, er tue alle seine Handlungen aus Liebe.

Aber genau in diesem Zusammenhang liegt die Chance: So, wie du gezwungen bist, eine unbewusste innere Not mit Handlungen nach außen zu tragen, so bist du auch auf umgekehrtem Wege gezwungen, dir die innere Not bewusst zu machen, wenn du die Handlung unterbrichst.

Unterbrich dein Streben nach Erfolg, und du wirst unmittelbar darauf den inneren Mangel sehen können, der dich zum Erfolg treibt. Halte in der Bemühung inne, deinen Partner an dich zu binden, und du wirst erkennen können, welche Handlungsimpulse deinem Glauben entspringen, ungeliebt zu sein. Unterbrich dein Streben nach Genuss, und die Not, die dich zum Genuss treibt, wird vor dich hintreten. Im Unterbrechen aller deiner Handlungen, die du aus Not tust, liegt die Gelegenheit, alle deine Nöte kennenzulernen. Sobald du zum Beobachter all dessen geworden bist, was dich antreibt, fällst du in deine Wahrheit zurück. Deine Wunden schließen sich, du wirst wieder eins, und es kommt Seligkeit.

Selig, die keine Gewalt anwenden …

Es wird noch etwas Weiteres geschehen: Wenn du nicht mehr aus Not handelst, dann wird alles, was du dir vorher mühsam anzueignen versucht hast, ganz von allein zu dir kommen. Sobald du Erfolg nicht mehr anstrebst, wird Erfolg selbstverständlich sein. Deinem Partner wirst du erstmals tief und wahrhaftig begegnen, wenn du ihn nicht mehr festzuhalten versuchst. Und das ganze Dasein wird zum Genuss, sobald dein Verlangen nach Genuss aufhört. Dies ist eine weitere Lesart dieser dritten Seligpreisung: Hör auf zu kämpfen, und du wirst alles haben, was du brauchst.

Zu Zeiten Jesu bedeutete Reichtum und Sicherheit vor allem den Besitz von Land. Jesus sagte seinen Zuhörern: Gibst du den Kampf um das Land im Außen auf, wirst du dein inneres Land wiederentdecken. Diesen Reichtum musst du nicht erobern, denn er gehört schon immer dir. Er gehört dir seit deiner Geburt, du selbst hast ihn mitgebracht. Gehst du auf ihn wieder zu, so fällt er dir in den Schoß. Das äußere Land musst du erkämpfen mit Gewalt, das innere gehört dir und es hat auf dich gewartet wie ein Erbe:

> *Selig, die keine Gewalt anwenden;*
> *denn sie werden das Land erben.*

Die Frage, die mit dieser Seligpreisung aufgeworfen wird, ist elementar: Bist du bereit, das Leben anzunehmen, wie es ist, oder versuchst du, es zu verändern, es deinen inneren Vorgaben anzupassen? Jeder Versuch, das Dasein deinen Bedürfnissen anzupassen, ist der Versuch, es deinen **Ängsten** anzupassen. Das ist Gewalt. Gehe genau den anderen Weg: Wehre dich nicht, sondern werde eins mit dem Leben. Dann musst du deine Ängste durchschauen, dann musst du deine Wunden heilen. Dann wirst du selig.

Diese Wahrheit wird spürbar, wenn du nachts in den Sternenhimmel schaust. Es beschleicht dich das Gefühl, vor dem Universum klein zu sein – das Gefühl, nichts ausrichten zu können, wenn du vor der Unendlichkeit stehst. Siehst du jedoch genauer hin, so erkennst du, dass mit dieser Empfindung lediglich die Einsicht aktiv wird, dass du dich selbst klein machst mit dem Glauben, die Welt nach deinem Gutdünken ändern zu können. Vor dem Unendlichen des Sternenmeeres wird das Irrlichterne dieses Verlangens fassbar. Gibst du dieses Streben auf, dann bist du nicht mehr klein. Plötzlich bist du ergriffen von der Weite über dir. Du fällst in Meditation. Statt dich klein zu fühlen, **verschmilzt** du mit dem Sternenzelt über dir, mit dem gesamten SEIN.

Die vierte Seligpreisung lautet:

Selig, die hungern und dürsten nach der
Gerechtigkeit; denn sie werden satt werden.

Wann ist jemand satt? Satt ist der, der nichts mehr braucht. Hast du schon beobachtet, dass dich deine Erfolge immer hungriger machen – anstatt dich zu sättigen? Kaum hast du dir einen Wunsch erfüllt, so befällt dich nach einer kurzen Ruhephase die Unruhe, wieder etwas Neues anstreben zu müssen. Ein geschäftlicher Erfolg erzeugt unweigerlich das Verlangen nach dem nächsten. Kaum ist eine intensive Liebesnacht vorbei, so sehnst du dich bereits danach, sie zu wiederholen. Erlebst du Nähe zu einem geliebten Menschen oder siehst dich sogar von ihm geliebt – so willst du mehr, mehr, mehr davon. Sogar in dem Augenblick, in dem du etwas Schönes erlebst und ganz zur Ruhe kommen könntest, ist noch das Verlangen da, dieser Zustand möge lange andauern. Goethe schrieb: »Zum Augenblicke dürft ich sagen, verweile doch, du bist so schön.« Immer ist ein Begehren da. Nie bist du satt. Nie lässt du dich ganz fallen.

Das ist ein Dilemma: Du willst glücklich sein, und zugleich ist die Jagd nach Glück das Gegenteil von Glück.

Jesus sagt in dieser vierten Seligpreisung: Du **kannst** zur Ruhe kommen, zu wirklicher, vollkommener Ruhe. Du kannst satt werden. Und er sagt: Entdecke deinen Hunger nach *Gerechtigkeit*. Wenn er in dir geweckt ist, dann wirst du satt werden. Wie ist das zu verstehen? Was ist überhaupt Gerechtigkeit?

Im Umgang mit anderen Menschen bedeutet gerecht zu sein, sie so zu behandeln, wie du selbst behandelt sein möchtest. **Wenn du dich darum bemühst, dann wird in dir ein machtvoller Prozess ausgelöst, der dein ganzes Leben verändert.**

Wie möchtest du von anderen behandelt werden? Du möchtest, dass sie dich lieben, so wie du bist. Du möchtest sogar, dass andere dich mit den Eigenschaften lieben, die du selbst noch an dir ablehnst. Bei jedem, der bereit ist, sich dir so vollständig zuzuwenden, erlebst du dich als geborgen. Er ist wie eine Erlösung für dich. Du möchtest, dass andere deine Bedürfnisse und Empfindungen nicht nur respektieren, sondern schätzen. Willst du also gerecht sein, dann musst du selbst genau dies mit den Menschen tun, die dich umgeben. In diesem Schritt liegt das Geheimnis. Er ist bei weitem nicht selbstverständlich. Nur wenige Menschen tun jemals in ihrem Leben etwas nur für einen anderen – ohne eigene Erwartungen daran zu knüpfen. Und nur sehr wenige brechen bis zur Liebe durch.

Der Versuch, anderen das zu geben, was du selbst erhoffst, führt zu mehr Bewusstheit, zu mehr Wissen über dich selbst. Er zwingt dich, überhaupt zu erkennen, was du selbst brauchst. Er konfrontiert dich mit Motiven, die du bisher noch gar nicht bemerkt hattest. Aus diesem Grund sagt Jesus im weiteren Verlauf der Bergpredigt zu seinen Zuhörern: *Alles nun, was ihr wollt, dass euch die Leute tun sollen, das tut ihnen auch.*

Diese Worte Jesu sind, ebenso wie viele andere seiner Äußerungen, moralisch interpretiert worden: Wenn du andere so behandelst, wie du behandelt werden möchtest, dann würdest du, einem solchen Verständnis nach, ein »besserer«, ein »guter« Mensch werden. Dies ist ein typisches Beispiel für das Unverständnis, auf das Jesus gestoßen ist. Nichts lag ihm ferner, als in seinen Zuhörern derartige Assoziationen auszulösen. Er war ein Botschafter der Liebe. Und Liebe akzeptiert, sie wertet oder verurteilt nie. Darüber hinaus kann die Liebe ihre Wirkung nur ganz entfalten in Menschen, die sich selbst nicht verurteilen. Du bist **immer** richtig. Daran kann sich nie etwas ändern – was immer du tust oder denkst. Vom ersten bist zum letzten Atemzug deines Daseins bist du einmalig, unersetzbar, ein Geschenk für alle anderen und vor allem für dich selbst. Bei all den Entwicklungsschritten deiner seelischen Entfaltung geht es nie darum, besser zu werden. Ein Mensch der liebt, ist nicht besser als einer, der Angst hat. So, wie ein ausgewachsener Baum nicht besser ist als ein junger Baum. Wenn du ein gerechter Mensch wirst, dann wirst du nicht ein »guter« Mensch, ebenso wie du kein »schlechter« Mensch gewesen bist, als du noch nicht wusstest, was Gerechtigkeit ist. Wenn du dich jedoch um Gerechtigkeit **bemühst**, dann wird es dir möglich werden, zu **erkennen**, wer du bist. Du beginnst, bewusst zu werden. Du beginnst, dein Dasein in einer dir zuvor undenkbaren Vollständigkeit zu erfahren. Jesus ging es nie um Moral, sondern um Bewusstheit.

Die volkstümliche Redewendung: »Was du nicht willst, dass man's dir tu, das füge keinem anderen zu« – sie ähnelt sehr der Aussage von Jesus: *Alles nun, was ihr wollt, dass euch die Leute tun sollen, das tut ihnen auch.* Sie scheint im Kern sogar dasselbe zu meinen. Doch das ist eine Täuschung.

Wenn du dich darum bemühst, anderen nicht das anzutun, was dich selbst schmerzt, dann beginnst du ein Leben voller Angst zu führen. Wenn du dich beispielsweise fürchtest, einsam zu sein, und dich darum bemühst, andere Menschen nicht der Einsamkeit auszusetzen, dann wirst du ihnen nicht den Raum lassen, den sie für ihr Alleinsein benötigen. Zugleich werden sie dich dafür benutzen, mit ihrer Einsamkeit nicht konfrontiert zu werden. Dein Partner wird anfangen, dich zu klammern, und er wird sich von dir geklammert fühlen. Anstatt Einsamkeit zu erlösen, sie anzunehmen und lieben zu lernen, verwickelt ihr euch immer mehr in sie.

Wenn du offenen Streit fürchtest und dich darum bemühst, andere Menschen nicht in Konflikte mit dir zu verwickeln, dann wirst du nach und nach alle eigenen Bedürfnisse opfern. Du wirst dich aufgeben müssen. Die anderen werden dich dominieren und benutzen – oder dich meiden. Deine Unzufriedenheit wird sich in dir als Stau und Druck breit machen. Vielleicht entwickelst du eine Sucht oder fällst in Depression. Die Konflikte, die du außen nicht austrägst, toben in dir.

Was geschieht nun, wenn du dich stattdessen an den Worten von Jesus orientierst? *Alles nun, was ihr wollt, dass euch die Leute tun sollen, das tut ihnen auch.* Du fürchtest Einsamkeit – was möchtest du? Wie sollen die anderen dir in deiner Einsamkeit begegnen? Wonach sehnst du dich wirklich? Jetzt musst du dir diese Fragen überhaupt stellen. Die Antworten werden dich zur Aussöhnung mit deiner Einsamkeit führen. Vielleicht entdeckst du, dass deine wirkliche Angst gar nicht der Einsamkeit gilt – sondern du sehnst dich danach, dass andere sich aufrichtig für dich interessieren, sich über dich freuen und dich ernst nehmen. Nun kannst du den zweiten Schritt tun: Gib genau dies den anderen: Höre ihnen zu, interessiere dich dafür, was sie bewegt, genieße, wenn Nähe zwischen euch entsteht. Damit wird eine Dynamik entfacht, die dich zu mehr Glück und Bewusstheit führt.

Welche Wirkung hätten Jesus' Worte, wenn man sie auf die Scheu vor Konflikten anwendet? Du fürchtest Streit – wie sollen dich die anderen in Auseinandersetzungen behandeln? Was fürchtest du wirklich – und wonach sehnst du dich? Vielleicht entdeckst du, dass du dich danach sehnst, dass die anderen deine Sichtweise ernst nehmen, auch wenn sie sie nicht teilen. Oder du möchtest erfahren, dass sie ihre Wertschätzung für dich nicht in Frage stellen, wenn es zwischen euch Streit gibt. Dann behandele sie genau so: Höre ihnen zu und nimm ihre Argumente ernst – auch wenn du sie nicht sogleich verstehen kannst. Spüre das, was du an ihnen schätzt und verehrst – gerade auch in Augenblicken, in denen du auf sie zornig bist. Dann wirst du entdecken, dass jeder Konflikt eine Möglichkeit bietet, Nähe und Verbindlichkeit zu anderen herzustellen und auszuleben. Nähe und Verbindlichkeit sind ohne das offene Austragen von Konflikten überhaupt nicht möglich.

Die Aufforderung: »Was du nicht willst, dass man's dir tu, das füge keinem anderen zu« – führt in noch größere Angst. Die Aufforderung: *Alles nun, was ihr wollt, dass euch die Leute tun sollen, das tut ihnen auch* – führt zur Liebe.

Solange du nicht gezielt damit begonnen hast wahrzunehmen, wie du dich anderen Menschen näherst, so lange begegnest du ihnen **ausschließlich** mit dem Ziel, deine eigenen Bedürfnisse befriedigt zu sehen. Eine andere Möglichkeit gibt es gar nicht. Wie sollte es anders sein? Wie sollte etwas Neues in dein Handeln eindringen können, wenn du nicht einmal bemerkt hast, dass du von deinen Wünschen beherrscht wirst? Bereits deine Begrüßungen anderer Menschen sind vollkommen dominiert von dem, was du brauchst. Deinen Freunden trittst du gegenüber vielleicht mit dem Verlangen, wichtig und wertvoll zu sein, oder mit deinem Wunsch, von **ihnen** gebraucht zu werden. Schon dein Blick während du sie begrüßt, wie du lächelst, und was du sagst, zielen darauf ab. Wenn du nach Hause kommst, begrüßt du deinen Partner in der Hoffnung, dass er Zeit für dich hat und dich begehrt. Du willst dich nicht zurückgewiesen und nicht geringgeschätzt sehen. Du glaubst, du begegnetest ihm in Liebe, in Wahrheit begegnest du ihm in der **Hoffnung** auf Liebe. Deinem Kind begegnest du mit dem Wunsch, dass es dich achtet oder gar verehrt und bewundert – oder dass es dir keine Sorgen bereitet.

Auf diese Weise bleibst du gefangen in deinen Bedürfnissen – und kannst anderen nicht das geben, was sie erhoffen, ebenso wie du. Was geschieht jedoch mit dir, wenn du dich genau darum bemühst, andere gerecht zu behandeln – ihnen zu bringen, was du selbst suchst? Was geschieht, wenn du deinem Freund schon bei eurer Begrüßung vermittelst, dass er wertvoll ist und du ihn achtest; wenn du deinem Partner die Empfindung gibst, von dir begehrt zu sein; und wenn du deinem Kind bewusst zeigst, dass du dich an ihm freust, weil es großartig ist? Was geschieht dann mit dir?

Dann wird mit einem Schlag deine eigene Not vor dir stehen. Dann wirst du sehen, was du begehrst und noch nicht erhalten hast, deine Sehnsüchte und deine Trauer werden erkennbar – all das, was dich angetrieben und in dir den Hunger ausgelöst hat, den du nie stillen konntest. Jetzt siehst du es, jetzt kannst du dich mit all dem aussöhnen. Damit tritt der Mechanismus in Kraft, den Jesus in dir auslösen möchte: Es entweicht deine Angst. Von diesem Augenblick an beginnt Freude in dein Leben zu fließen.

Alles, was du nicht aus Angst tust, tust du aus Freude. Dies ist ein grundlegender Zusammenhang: Entweder handelst du aus Freude oder aus Angst. Wenige Menschen wissen, wie sie in eine Handlung Freude einfließen lassen können.

Ein Maler, der ein Bild malt, ein Dichter, der ein Buch schreibt oder ein Handwerker, der einen Gegenstand anfertigt, erlebt Freude bei seiner Arbeit, indem er ganz mit seinem Tun verschmilzt. Er **ist** sein Tun. Er vergisst alles andere um sich herum, und er vergisst die Zeit. Er fällt vollständig in den Augenblick, denn er ist ausgefüllt vom Augenblick. Dieselbe Qualität hat das Spielen der Kinder: Es verfolgt keinen Zweck, sein ganzer Sinn ist das Spielen selbst. Fragst du ein kleines Kind, warum es aus Holzklötzen einen Turm baut oder mit anderen Kindern »Verstecken« spielt, dann wird es dich erstaunt ansehen. Es wird die Frage gar nicht verstehen. Diese Frage kommt aus einer ihm fremden Welt – der Welt der Motive. Sie kann nur ein Erwachsener stellen. Die einzige Antwort, die das Kind darauf geben könnte, ist: Einfach, weil es Spaß macht. Alle Freude kommt aus der Zwecklosigkeit. Sie entsteht mit dem Verschwinden der Motive, die man in eine Handlung legen kann. Und die Freude verschwindet, wenn Motive das Handeln zu dominieren beginnen. Aus diesem Grund gibt es bei Jesus so viele Formulierungen, die ein »tue nicht« beinhalten: »Sorge dich nicht«, »zürne nicht«, »richte nicht«, »werte nicht«, »begehre nicht«. Deine Sorgen, dein Zorn, dein Werten und dein Begehren verbinden all deine Handlungen mit einem Ziel und lassen dich nicht im Augenblick sein. Und unter deinen Sorgen versteckt liegen deine Ängste, die deinen Sorgen Energie geben, indem sie dir suggerieren, es gelte, Sicherheiten zu erwerben. Deine Ängste sind die einzige Quelle für all die Motive, die dich antreiben und zum Getriebenen machen. Lässt du sie los, dann fällst du ganz in dich zurück und bist präsent. Du spürst jede deiner Handlungen, jeden Atemzug, deine Anteilnahme, die Natur, die anderen Menschen. Jeder einzelne Augenblick entfaltet sich zum vollständigen Dasein, das auf dich schon immer gewartet hat und das zu dir drängt. Angst ist nichts anderes als eine Staumauer, hinter der sich die Freude angesammelt hat. Verschwindet die Mauer, dann strömt Freude von ganz allein zu dir.

Der Gerechte handelt aus Freude. Gerecht zu sein heißt, erkannt zu haben, dass es keinen Mangel gibt.

Wirst du ein Gerechter, dann beginnst du, im Einklang mit dem gesamten Dasein zu existieren. Damit beginnt dein Einklang mit Gott. Noch kannst du Gott nicht schauen – das kommt etwas später. Aber du spürst bereits, dass du nicht mehr gegen den Strom schwimmst. Eine bislang noch nicht gekannte Harmonie beginnt, dich zu durchdringen. Dir fließt Kraft aus einer Quelle zu, die dir bisher unbekannt gewesen ist.

In dieser vierten Seligpreisung spricht Jesus davon, wie die Illusion der Not endet und Freude in dein Leben kommt. Wenn du nicht mehr nehmen musst, weil du beginnst, in dir selbst zu ruhen – dann werden deine Handlungen auch kein Nehmen mehr sein. Zum ersten Mal dient dein Dasein keinem Ziel mehr, sondern es ist an sich wertvoll: Das ist Lebensfreude. Du bist ausgefüllt einfach damit, dass du atmest und isst, dass du Menschen begegnest und handelst. Du bist voller Leben – alles ist vorhanden. Solange du aus Bedürftigkeit handelst, hast du immer Hunger – jeder Erfolg verstärkt deinen Hunger in einen noch größeren Hunger. Handelst du dagegen aus Freude, dann bist du satt.

Selig, die hungern und dürsten nach der Gerechtigkeit; denn sie werden satt werden.

Jetzt kann die Liebe in dein Leben treten. Du bist bereit für sie. Denn du hast eine Erfahrung gemacht, die deine Lebensenergie in eine ganz neue Richtung fließen lassen wird: Dass du reich bist, indem du gibst. Damit hast du die Pforte geöffnet, durch die die Liebe zu dir kommen kann. Denn Liebe kann erst kommen, wenn du bereit bist, sie zu geben. Darüber spricht Jesus in der nächsten Seligpreisung:

> *Selig die Barmherzigen;*
> *denn sie werden Erbarmen finden.*

Diese Worte sind ein Gipfel, ein Höhepunkt. Sie haben eine Qualität, die den vorangegangenen Seligpreisungen noch nicht eigen sein konnte. Denn Barmherzigkeit und Liebe haben eine höhere Energie, eine höhere Qualität als Gerechtigkeit und Gewaltlosigkeit. Jesus sagt: Gib anderen Erbarmen, und du wirst Erbarmen finden. Gib, was du suchst. Jeder Mensch, der diese Schwelle überschritten hat, der erkannt hat, dass es nur diesen einen Weg gibt, etwas zu erwerben – er ist endgültig zum Suchenden nach Gott, zum Suchenden nach der Wahrheit geworden.

Barmherzigkeit ist das Licht, die Quelle, von der aus die Liebe in die Welt fließt. Erinnere dich: Jedesmal, wenn ein anderer Mensch sich bedingungslos an deine Seite gestellt hat, wenn er bereit war, dich zu sehen und anzunehmen mit deiner Not und deinen Ängsten, mit deinen Schutzmauern und deinem Egoismus – dann warst du bis ins Innerste angerührt oder aufgewühlt. Vielleicht hast du einen Fehler begangen und einen dir nahen Menschen verletzt – und ein Freund nimmt dich mit allen deinen Selbstvorwürfen einfach in den Arm und hält dich. Vielleicht hast du einen Misserfolg erlitten, du fühlst dich als Versager und zu nichts nütze, doch dann überrascht es dich, dass die Wertschätzung deines Freundes für dich dadurch nicht geringer geworden ist.

In solchen Momenten wirst du daran erinnert, dass es die Liebe gibt. Darum scheint es so zu sein, als käme Liebe immer nur von außen zu dir. Um die Liebe wirklich zu finden, musst du nur eines durchschauen: Du erfährst diese Liebe, diese Bereitschaft, bedingungslos zu akzeptieren, in derselben Tiefe, **wenn du sie anderen gibst**. Jedes Mal, wenn ein anderer Mensch durch deine Zuwendung in einem Schmerz aufatmen kann und von ihm erlöst wird, wirst auch du erlöst. Es ist dann so, als hättest du die Liebe nicht nur gegeben, sondern sie selbst erhalten. Wenn du dies erkennst und so handelst, dann wird etwas Wundersames geschehen: Du wirst die Liebe unerschütterlich haben. Du wirst lieben und dich geliebt sehen – von der gesamten Existenz. Die Haltung, Liebe von anderen zu erwarten oder gar einzufordern, wirst du aufgeben. Nur noch Eines ist dann nötig: Du musst dir deine weiterhin aufkommenden Bedürfnisse bewusst machen und ihr Beobachter sein, sonst schieben sie sich wieder zwischen dich und deine Handlungen.

Dann wirst du sogar erkennen, dass die Forderung nach Liebe das **einzige** Hindernis gewesen ist, das dich von der Liebe getrennt hat.

Ähnlich verhält es sich mit der **Nähe zu anderen Menschen** und mit der **Vergebung**. Es scheint so zu sein, als ob dir andere Menschen Nähe bringen und als ob dir andere vergeben. Doch das ist nicht wahr: Nur du kannst Nähe zulassen, und nur du kannst vergeben.

Dein Verlangen nach Nähe zu anderen wird sofort erfüllt, wenn du erkennst, dass du zu jedem Menschen in jedem Augenblick Nähe herstellen kannst – unabhängig davon, ob der andere dazu fähig oder bereit ist. Das kannst du erlernen, und dann wird dein ganzes Dasein voller Nähe sein. Ein Weg, dies zu erfahren, besteht darin, Folgendes zu tun: Während du einen anderen Menschen begrüßt, mit ihm sprichst oder einfach mit ihm zusammen bist, suche in seinem Gesicht die Züge, die dir sympathisch sind. Vielleicht ist es die Tiefe seiner Augen, vielleicht die Augenfältchen, vielleicht sein Lächeln. Nimm einige Sekunden lang diesen dir sympathischen Gesichtszug wahr und halte zugleich Kontakt zu deinem Körper. Spüre in dich hinein, was in dir ausgelöst wird, was in dir geschieht. Mit etwas Übung – du musst erst vertraut werden mit dieser Art des Einlassens – entsteht plötzlich eine Verbundenheit, ein neuartiger Zustand, eine Energie zwischen euch, die dich tief berühren wird. Du erlebst Nähe. Nähe kommt von innen. Wenn du sie nur nicht verhinderst, dann ist sie einfach da. Solange du jedoch glaubst, die anderen müssten dir Nähe **geben**, sie müssten irgendetwas **tun**, damit du sie erfahren kannst, solange bist du von ihr getrennt.

Ebenso ist Vergebung etwas, das du nicht erhalten, sondern nur geben kannst. Wenn du darauf hoffst, dass andere dir für eine vermeintliche Fehltat vergeben, so zeigt dies, dass du nicht bereit bist, dir selbst zu vergeben. Du willst den Schmerz, den du erlebst, weil du einen Fehler begangen zu haben glaubst, oder weil du jemanden verletzt hast, nicht ansehen. Du willst dich mit dieser inneren Wunde, die jetzt sichtbar wird, nicht lieben. Genau dies ist Selbstvergebung: Lieben zu lernen, was du an dir ablehnst.

Eine Möglichkeit, um zu erlernen, was Selbstvergebung ist, besteht darin, anderen Menschen zu vergeben – Vergebung zu geben, Vergebung zu ver-geben. Was geschieht dabei in dir? Was bedeutet es, einem anderen für einen Schmerz, den er dir zugefügt hat, zu verzeihen? – Es bedeutet, dass du dich mit dem Schmerz, der dir zugefügt worden ist, aussöhnst, dich mit ihm lieben lernst. Diese innere Aussöhnung führt dazu, dass du den vermeintlichen Verursacher des Schmerzes aus seiner »Schuld« entlassen kannst. Zuerst geschieht die Aussöhnung in dir, und dann im Außen. Anderen zu vergeben, führt unmittelbar dazu, dass du dich mit dir selbst aussöhnst – dass du dir selbst vergibst.

Der Schmerz, den du erfährst, wenn du realisierst, dass du einen anderen Menschen verletzt hast, ist derselbe Schmerz, den du erfährst, wenn ein anderer dich verletzt.

Dieser Zusammenhang bildet den Hintergrund für eine der folgenreichsten Äußerungen, die von Jesus überliefert worden sind. Er sagte zu seinen Jüngern: *Denn wenn ihr den Menschen vergebt, dann wird euch euer himmlischer Vater auch vergeben.* Diese Worte stellen alles vom Kopf wieder zurück auf die Füße, was die Kirche, die Schriftgelehrten und Moralapostel vor und nach Jesus aus den Worten »Schuld«, »Sünde« und »Vergebung« gemacht haben. Wie ist das möglich, dass dir von Gott vergeben wird, einfach indem du vergibst? Bisher glaubst du, um Vergebung zu erlangen, müsstest du eine vermeintliche Schuld »abtragen« oder »Buße« tun. Jesus sagt: Das ist eine Täuschung, dir ist bereits vergeben, sobald du vergibst. Diese Worte nicht nur auszusprechen, sondern zu verkörpern, sie zu leben, war wirklich revolutionär.

Dir ist vergeben, wenn du vergibst: Dies bedeutet, dass du unschuldig bist. Es gibt keine Schuld, sondern nur den Glauben, schuldig zu sein – und die daraus folgende innere Entzweitheit. Es gibt Schuldgefühle, aber es gibt keine Schuld. Vergib, und du wirst dir selbst vergeben, du wirst wieder eins mit dir werden – und Gott ist dir sofort nah. Dies erscheint dir dann so, als hätte Gott dir vergeben. Die

Gnade Gottes besteht nicht darin, dass er vergibt, sondern darin, dass es überhaupt nichts zu vergeben gibt. Du erhältst, wenn du vergibst, nicht Vergebung von Gott, sondern du näherst dich ihm.

Jesus wusste, was Liebe ist – deswegen konnte er andere Menschen lehren, sich selbst zu vergeben. Er konnte darüber hinaus direkt Vergebung geben – als Akt der Zuwendung. Er sagte von sich: *Ich kann Sünden vergeben.* Diese Äußerung hat den unbändigen Hass der jüdischen Priester hervorgerufen. Jesus hatte Kontakt zu Gott, er war verbunden mit der Quelle. Andere, die diesen Kontakt verloren hatten, konnten mit dem Blick in Jesus' Augen und durch die Berührung seiner Hände daran erinnert werden – sie konnten über den Umweg »Jesus« den Kontakt zu Gott erleben. Jesus sagte: *Wer mich sieht, sieht den Vater.* Die Liebesfähigkeit von Jesus konnte jeder, der sich ihr nicht verschloss, direkt spüren. Sie war die Quelle, aus der diejenigen, dich sich an ihn um Hilfe wandten, tranken. Diese Liebe hat sie daran erinnert, dass es Liebe und Barmherzigkeit gibt – und dass sie es wert sind, Liebe und Barmherzigkeit zu erhalten. Das hat ihnen den Glauben an sich selbst zurückgegeben – und damit den Glauben an Gott. Die Vorstellung, man könne jemandem helfen, sich mit sich selbst auszusöhnen und wieder eins zu werden, ohne Augen- und Körperkontakt – wie es in der Beichte aber auch in der Psychoanalyse praktiziert wird – ist ein Hohn auf die Sehnsucht der Menschen nach der Liebe zu sich selbst.

Schau genau hin: Diese Äußerung von Jesus über die Vergebung hat dieselbe Qualität wie die Seligpreisung über die Barmherzigkeit: Wer barmherzig ist, wird Barmherzigkeit finden, und: Wer vergibt, wird Vergebung finden.

Mit dieser fünften Seligpreisung ist eine Wende markiert, sie verkündet eine höhere Energie des Daseins. Alles, was du in der materiellen Welt bisher erwerben wolltest, hast du dir **nehmen** wollen: Sicherheiten, Liebe, Zuwendung. Jetzt kommt der Umschwung. Was du von nun an erwirbst, wirst du geben. Bisher ist alles zu dir hingeflossen – Ausdruck von Hunger. Nun fließt es von dir weg. Du bist zum Gebenden geworden. Und damit findest du die Liebe wieder. Aber du findest mehr als die Liebe – du findest dich selbst. Denn um zum Gebenden zu werden, hast du dir vorher deine Ängste und deine Wünsche bewusst machen müssen. Damit durchschaust du die Illusionen, die dein Handeln bisher bestimmt haben. Der Nehmende war ganz auf die Außenwelt ausgerichtet, der Gebende ist nach innen gewendet und handelt von innen her. Der Schritt vom Nehmenden zum Gebenden führt dich zu dir selbst. Und die Sehnsucht nach Liebe hilft dir dabei: Sie bringt dich von der Suche im Außen zum Finden im Innen.

Genau das meinte Jesus mit dem Wort *Umkehr*. Er sagte: *Kehret um, denn das Himmelreich ist nah.* Dies ist eine Umkehr in zweifacher Hinsicht: Die Umkehr deiner Ausrichtung von außen nach innen; und der Schritt vom Nehmen zum Geben.

Das Himmelreich ist nah, so nah. Es ist dir näher als dein Körper und dein Ich. Nur weil du glaubst, du seiest dein Körper und dein Ich, kannst du dir selbst nicht so nahe kommen, dass du das Himmelreich betrittst. Die Liebe vermag dich hinzuführen. Sie ist ein Ariadnefaden, dem du folgen kannst, um an die Pforten des Himmelreiches zu gelangen. Denn die Liebe kommt nicht aus dem Ich.

Diese Verknüpfung, die Jesus in der Seligpreisung über die Barmherzigkeit formuliert, dieser in sich geschlossene Kreis: der Barmherzige wird Erbarmen finden – er ist in den beiden vorangegangenen Seligpreisungen noch nicht möglich. Die Aussagen: »Selig die Gerechten, denn sie werden Gerechtigkeit finden«, oder: »Selig die Gewaltlosen, denn sie werden Gewaltlosigkeit ernten« – sie sind nur teilweise richtig. Bezogen auf die materielle Welt sind sie sogar falsch. Der Gerechte ist sich selbst gerecht, er ist eins mit sich und dem Dasein – das ist sein Lohn. Aber er wird im Irdischen nicht auf Gerechtigkeit stoßen. Der Gewaltlose beendet den Kampf in sich selbst. Er ruht, er hat eine tiefe, spirituelle Gewaltlosigkeit gefunden – die Quelle seines Glücks. Aber er kann nicht damit rechnen, von anderen Menschen keine Gewalt zu erfahren. Mit der Liebe ist es ganz anders, das ist ihre besondere Qualität. Der Liebende hat die Liebe gefunden – unabhängig davon, ob andere Menschen Liebe geben können. Sein ganzes irdisches Dasein ist davon durchdrungen. Er nimmt alles an – auch die Lieblosigkeit der anderen. Er akzeptiert – und darüber hinaus handelt er so, wie es ihm die Liebe gebietet.

Der Gerechte trifft nicht unbedingt auf Gerechtigkeit. Der Gewaltlose trifft nicht unbedingt auf Gewaltlosigkeit. Aber des Barmherzigen Dasein ist gefüllt mit Barmherzigkeit. Der Barmherzige kann verfolgt und sogar ans Kreuz geschlagen werden, aber sein Leben war voller Liebe.

EINS werden
Die Seligpreisungen sechs bis acht

Gerecht und barmherzig zu sein führt dazu, dass die Kluft zwischen dir und der Welt zu verschwinden beginnt. Du hörst auf, das Dasein als feindlich zu erleben. Du hast in dir einen tieferen Einklang gefunden. Du hast, wenn du an diesem Punkt angelangt bist, bereits die Erfahrung wirklich gemacht, dass dir nur dann ein äußeres Ereignis bedrohlich erscheint, wenn es in dir Empfindungen auslöst, die du ablehnst – und die dich genau deswegen zu bedrohen scheinen. Du weißt, dass jeder Gewalttätigkeit im Außen eine Gewalt innen, gegen sich selbst, vorangegangen sein muss. Du kannst Nähe zu anderen Menschen herstellen, weil du erkannt hast, dass Nähe nicht etwas ist, was zwischen Menschen geschieht, sondern in ihnen.

Du hast die Umkehr vollzogen. Du durchschaust, dass die primäre Welt deine Innenwelt ist. Die Lebenserfahrung eines Menschen ist die Summe seiner inneren Antworten auf die Geschehnisse des Daseins. Lebenserfahrung besteht nicht in den äußeren Ereignissen oder Handlungen. Deswegen machen zwei Menschen in identischen äußeren Situationen völlig unterschiedliche Erfahrungen.

Damit hast du begonnen, ein Wissender zu werden. Doch die Erkenntnis von der Bedeutung deiner Innenwelt birgt in sich noch etwas viel Größeres und Bedeutsameres. Denn du kannst noch tiefer vordringen als bis zu deiner Innenwelt.

Du kannst bis in dein Zentrum vorstoßen, und dort ist keine Erfahrung und keinerlei Handlung mehr. Dort ist Stille, NICHTS, absolute Ruhe, aus der alle Bewegung geboren wird. Dort wartet Gott.

Über die Entscheidung, diesen Schritt zu gehen, spricht Jesus in der nächsten Seligpreisung.

Er sagt:

> *Selig, die ein reines Herz haben,*
> *denn sie werden Gott schauen.*

Was bedeutet es, ein reines Herz zu haben? Es bedeutet, zwischen dem, was du innen möchtest, was du innen **bist**, und dem, was du nach außen trägst, wie du in der Welt handelst, keinerlei Kluft mehr entstehen zu lassen. Dann machst du aus deinem Herzen keine »Grube« mehr. Dann »trägst du dein Herz auf den Lippen«, dann wird alles rein.

Das ist die Probe, ob du deiner inneren Wahrheit traust: Mit ihr auch nach außen zu treten. Jesus sagte zu seinen Jüngern: *Hört mir alle zu und begreift's! Es gibt nichts, was von außen in den Menschen hineingeht, das ihn unrein machen könnte; sondern was aus dem Menschen herauskommt, das ist, was den Menschen unrein macht.*

Dafür, dass ein Herz »unrein« wird, gibt es nur zwei Gründe. Der erste besteht darin, dass du bewusst und vorsätzlich etwas anderes mit deinen Handlungen erreichen möchtest, als du nach außen vorgibst. So handeln die Menschen gewöhnlicherweise. Die Politik und das Wirtschaftsleben funktionieren so. Selbst wenn ein Politiker für die Armen Geld sammelt, dies jedoch mit der Absicht tut, wiedergewählt zu werden, handelt er mit unreinem Herzen. Sein Motiv und seine Handlung fallen auseinander. Das Himmelreich ist ihm verschlossen. Dabei ist es nicht so, dass ihm der Zutritt zum Himmelreich tatsächlich verwehrt wäre. Die Tore zum Paradies stehen für ihn – wie für jeden Menschen – immer sperrangelweit offen. Aber er kann die Tore nicht sehen, sie sind für ihn unsichtbar. Wenn er dennoch zufällig einen Blick hineinwirft, wenn er etwas von der Verheißung jenseits der Tore erhascht, dann wird er das Gesehene für wertlos halten, er wird es in seiner Bedeutung nicht erkennen. Denn er ist vollkommen gefangen in seinem Ziel, gewählt zu werden. Mit diesem Motiv verknüpft er alles, was ihm wertvoll erscheint: Ansehen, Selbstwert, Sicherheit, Macht. Was er vom Himmelreich erahnen kann, erscheint ihm dagegen wie ein Traum, ein Spuk, als belanglos und sogar als hinderlich beim Verfolgen seines Plans. Er bemerkt womöglich bis zum Ende seines Lebens nicht, dass er an dem größten Schatz immer vorbeigegangen ist. Seine Bemühung um Erfolg und das dieser Bemühung zugrunde liegende Minderwertigkeitsgefühl haben ihn die ganze Zeit getrieben und blind gemacht.

Jeder Mensch erhält täglich die Möglichkeit, einen flüchtigen Blick ins Himmelreich zu werfen: in seinen Träumen, wenn er lacht, wenn er Mitgefühl erlebt.

Der zweite Grund, der dein Herz unrein macht, ist subtiler, er liegt tiefer verborgen. Um ihn zu überwinden, musst du bereits ein wahrhaft Suchender geworden sein: Er liegt in den Motiven und Zielen, die dir nicht bewusst sind. Denn auch sie führen dazu, dass deine Handlungen und dein wirkliches Wollen auseinanderfallen. Wie kannst du mit reinem Herzen handeln, wenn du gar nicht weißt, warum du handelst? Wie kann dir eine Handlung jemals Glück bringen, wenn du das wirkliche Ziel deiner Handlung nicht kennst, sondern nur zu kennen glaubst? Das Leben beantwortet immer deine wirklichen Ziele, und nicht die Ziele, die du zu haben glaubst. So erhältst du immer etwas anderes, als du willst. Und wenn das Erworbene deinen Wünschen zu gleichen scheint, so hat das Ergebnis doch immer einen »Haken«. Dieser »Haken« ist genau das, was dich unglücklich macht.

Wenn du heiratest, und du glaubst dies zu tun, weil du eine Familie gründen willst, und dein Motiv zu diesem Schritt wäre Liebe, du jedoch in Wahrheit fürchtest, allein zu sein, dann wird Folgendes geschehen: Im besten Fall gewinnst du einen Partner, mit dem Gemeinsamkeiten bestehen und eine gewisse Harmonie im Zusammenleben möglich ist, – und zugleich wirst du dich unfrei fühlen. Dir wird etwas fehlen, das scheinbar nur ohne Partnerschaft möglich ist. Du bist in einem Dilemma gefangen: Einerseits willst du deinen Partner nicht missen, andererseits willst du deine Freiheit. Dieses Dilemma ist die Antwort auf dein unbewusstes Motiv zu heiraten. Du wolltest dein Alleinsein überwinden, du wolltest mit Hilfe deines Partners deine Einsamkeit loswerden. Doch genau die Angst vor Einsamkeit macht dich abhängig von anderen Menschen – das tritt dir als das Gefühl entgegen, unfrei zu sein, sobald du deine Unterschrift unter die Heiratsurkunde gesetzt hast. Die Botschaft dieser Lebenserfahrung ist: Söhne dich zuerst mit deiner Einsamkeit aus, gehe diesen Schritt innen – und, wenn du es dann noch möchtest, gehe im zweiten Schritt außen in eine Partnerschaft. Dann wirst du glücklich werden: Eine tiefe Verbindung zu deinem Partner wird möglich sein, ohne dass du deine Freiheit verlierst.

Das Leben gibt dir immer das **Gegenteil** deiner unbewussten Wünsche – so lange, bis du sie durchschaust.

Vielleicht bist du ein Verkäufer von Produkten oder Dienstleistungen und hast dich wirtschaftlich selbständig gemacht, um viel Geld zu verdienen und finanziell unabhängig zu werden. Du glaubst, dein Antrieb bestehe in dem Wunsch, ein eigenes Haus zu finanzieren und ein teures Auto zu fahren. Dein wahrer Antrieb, von dir unbemerkt, ist jedoch dein Wille, dich nicht ohnmächtig zu fühlen und im gesellschaftlichen Getriebe Sicherheit zu gewinnen. Dann wird Folgendes geschehen: Wenn du erfolgreich wirst, dann werden sich deine Ohnmacht und dein Gefühl, unsicher zu sein, in dir weiter ausbreiten und Raum greifen. Nach einiger Zeit wirst du bemerken, dass die Angst, den neu erworbenen Reichtum zu verlieren, größer geworden ist als vorher die Angst, nichts zu besitzen. Die Hoffnung auf innere Ruhe, die du mit der Hoffnung auf finanziellen Erfolg verknüpft hast, erfüllt sich nicht. Gleichzeitig dominiert dein Streben dein gesamtes übriges Leben. Deine Freunde, deine Familie, deine Hobbys – alles ordnest du deinen Geschäften unter. Die Dinge, die dich wirklich mit dem Dasein verbinden: Nähe zu anderen, Liebe, Zeit für das Nichtstun – sie werden immer rarer. Je mehr du dir finanziell leisten kannst, desto weniger erreicht dich das, was sich nicht kaufen lässt. Die Botschaft einer solchen Lebenserfahrung ist: Söhne dich zuerst mit deiner Ohnmacht aus, und schaue dir genau an, was der Glaube, unsicher zu sein, in dir auslöst. Wenn danach noch der Wunsch besteht, ein Geschäft aufzubauen, dann wirst du daran Freude haben, und es wird dich nicht mehr vom Dasein trennen. Auch den Erfolg musst du dann nicht mehr anstreben, er kommt dir entgegen. Denn du handelst nicht mehr, um dich zu schützen, du handelst ohne Druck.

Wenn du reinen Herzens bist, wenn deine Innenwelt und deine Außenwelt eins sind, dann wirst du nicht nur verbunden sein mit deinem Leben, sondern es wird etwas geschehen, das weit über alle irdischen Erfahrungen hinausreicht, die du bisher gemacht hast. In der physischen Welt existiert ein Phänomen, das als Gleichnis geeignet ist für das, was geschieht, wenn du ein reines Herz bekommst. Einige Materialien, beispielsweise bestimmte Metalle und Keramiken, verlieren unter bestimmten Umständen – wenn man sie etwa auf einige Dutzend Grad Celsius unter Null abkühlt – plötzlich auf gespenstige Weise jeden Widerstand gegen elektrischen Strom. Die Physiker nennen dieses außerordentliche Phänomen »Supraleitung«. Normalerweise bietet jedes elektrische Kabel, jeder Draht einem durch ihn fließenden Strom einen Widerstand. Deswegen erwärmt sich ein Draht, wenn Strom durch ihn hindurchfließt. Aus demselben Grund kann man elektrische Energie auch nicht unendlich weit durch Kabel in die Ferne leiten. Dies liegt, bildlich gesprochen, daran, dass die Elektronen, die durch das Kabel fließen, an den Schwingungen der Atome im Kabel und an den Verunreinigungen in der Kristallstruktur des Metalls »anstoßen«, sich daran »reiben«, und so mit der Zeit immer mehr Energie verlieren. Wenn jedoch der Supraleiteffekt eintritt, dann geschieht etwas Verrücktes: Die Elektronen im Kabel verbünden sich untereinander und schließen ein Bündnis mit der Kristallstruktur, – alles wird eine Einheit, es gibt keine Störung mehr, es herrscht plötzlich eine überirdische Harmonie zwischen den Elektronen und dem Kristall, in dem sie sich befinden. Die Elektronen können sich ungehindert bewegen, der Strom kann ohne Widerstand fließen. In einem Supraleiter ist es möglich, elektrische Energie unendlich weit und unendlich lange fließen zu lassen – praktisch ohne Verluste. Dies scheint allen Naturgesetzen zu widersprechen. Überall in der Natur herrscht Widerstand. Nicht nur, dass ein Kabel den elektrischen Strom hemmt – jedes Auto, jeder sich bewegende Gegenstand verliert Energie durch Reibung. Das Licht kann bereits eine ein Meter dicke Scheibe aus gewöhnlichem Glas nicht mehr durchdringen – denn es wird von dem Glas geschluckt. Doch beim Supraleiteffekt scheint das alles nicht mehr zu gelten: Jeder Widerstand, jede Reibung, jedes Missverständnis hört auf.

Etwas Ähnliches tritt ein, wenn du reinen Herzens bist. Es gibt keine Verunreinigung mehr. Du wirst verbunden mit dem Dasein – du beginnst, EINS mit ihm zu werden. Alles beginnt widerstandslos zu fließen. Vorher hast du dein Leben aus der Perspektive einer Illusion wahrgenommen, du glaubtest, immerzu »gegen den Strom zu schwimmen«. Jetzt schaust du plötzlich EINHEIT und WAHRHEIT. Du blickst nicht mehr auf den Diamanten, sondern aus seiner Mitte heraus.

Anstatt zu lieben und Liebe zu geben, wirst du Liebe SEIN. Anstatt Konflikte zu meiden, wirst du berührt davon sein, wie dir in ihnen die Konsequenz des irdischen Daseins begegnet. All die Dinge, die du vorher gefürchtet hast: Streit, Nähe, Trennungen, Einsamkeit, sie sind für dich jetzt Geschenke, Erfahrungen, die du nur machen kannst, weil du hier auf der Erde bist – **um deretwillen du überhaupt hierher gekommen bist**.

Aber du gewinnst noch mehr. Jesus sagt, du wirst nicht nur selig sein mit reinem Herzen, er sagt, du wirst *Gott schauen*. Warum ist das so? Mit diesen Worten ist eine simple und zugleich grundlegende Wahrheit ausgesprochen. Das Herz ist der Ort in deinem Körper, an dem EINHEIT erfahrbar ist. Und Einheit **ist** Gott. Plötzlich ist der Blick frei auf ihn. Plötzlich wird zu einer ersten Gewissheit, was du bisher geahnt hast: Dass du in dieser Welt bist, aber nicht von dieser Welt. Als du geboren wurdest, hast du die Einheit verloren. Die Seele, nicht gebunden an den Körper, ruht in sich, sie ist Eins mit allem. Das kannst du in tiefer Meditation erfahren. Nachdem du jedoch den Mutterleib verlassen und die Augen geöffnet hast – war alles plötzlich ZWEI: ICH und die Mutter, ICH und die Welt. Mit tausend Bedingungen begann nun die Materie auf dich einzuwirken. Du hattest Hunger, du brauchtest Schlaf, du brauchtest Kleidung und Wärme, du brauchtest Nähe, Zuwendung und Verständnis der anderen Menschen, die sich in dieser Welt schon auskannten. Jedes Mal, wenn deine Bedürfnisse nicht befriedigt worden sind, hat sich die ZWEIHEIT der Welt in deinem psychischen Erleben als Zerrissenheit zu etablieren begonnen. Du hast begonnen, die grundlegende Wahrheit zu vergessen, dass alles EINS **ist**. Nach wenigen Jahren – spätestens zwischen dem siebenten und zehnten Lebensjahr – ist deine Psyche, dein ICH, in tausend Fragmente aus allen deinen unbefriedigten Bedürfnissen zersplittert gewesen. Aus dieser inneren Zerrissenheit entstehen bis heute alle deine unbewussten Handlungsmotive. Damit waren in deiner Kindheit zwei Dinge eingetreten: Du hast die Angst gewonnen und damit die Möglichkeit, ganz bestimmte, von deiner Seele gewollte Erfahrungen zu machen. Und du hast die Möglichkeit gewonnen, die Suche nach der Einheit zu beginnen.

Den Verlust der Einheit hast du erworben, als du geboren wurdest. Das Wiederfinden dieser Einheit noch in dieser Welt, noch unter den Bedingungen der Polarität, ist das *Himmelreich **auf Erden**.*

Aber Jesus sagt nicht, du würdest mit reinem Herzen bereits ganz in Gott fallen und mit ihm verschmelzen. Er sagt, du wirst ihn zuerst lediglich *schauen* – ein erster Ausblick, aber noch nicht das Ende des Weges. Diese Nuance ist sehr bedeutsam. Denn es ist wichtig, dass du mit deiner Suche nicht zu früh aufhörst. Eigentlich beginnt sie erst jetzt.

Der Blick auf Gott ist noch nicht Gott selbst. Du kannst dein Zentrum spüren, damit spürst du Gott, du wirfst einen Blick auf ihn. Aber du fällst noch nicht ganz in dein Zentrum. Noch wirst du immer wieder aus deiner inneren Einheit herausgerissen von Bedürfnissen und Unsicherheiten, die aus deiner Tiefe aufsteigen, und die dir bisher noch nicht bewusst gewesen sind.

Dieses vollständige Kennenlernen deiner Psyche kann überhaupt erst jetzt beginnen. Dazu brauchst du die Liebe. Sie wird jetzt zu deinem Helfer. Du hast bereits erfahren, was es bedeutet, aus Liebe zu handeln: Du bist mit einer Kraftquelle verbunden, die du vorher nicht gekannt hast. Schon die Handlung, nicht erst der Erfolg der Handlung, macht dich glücklich. Du empfindest das Leben als sinnvoll, obwohl du keinen Sinn mehr verfolgst. Du erlebst dich als wertvoll, obwohl du keine Bestätigung mehr anstrebst. Genau mit dieser Erfahrung hast du ein Kriterium erworben, das dich sofort spüren lässt, wann du unreinen Herzens handelst. Jedes Mal, wenn unbewusste Motive dein Handeln bestimmen, verlierst du die Verbindung zu den anderen Menschen und zu deinem Tun. Dein Dasein erscheint dir erneut sinnentleert, du fühlst dich wieder getrieben, und dich dominieren Befürchtungen. Damit hältst du einen sehr sensiblen Seismographen in der Hand, der dir auf dem Weg hilft, dich ganz zu durchschauen. Du bemerkst jeden inneren Zwiespalt viel leichter, als es vorher möglich gewesen war. Nun wirst du systematisch vorgehen. Schritt für Schritt wirst du zum vollständigen Beobachter deines Daseins. Das ist die Saat, die langsam aufgeht.

Im Herzen – mit Hilfe der Liebe – machst du zuerst die Erfahrung von Einheit. Von dort aus wird sie dein ganzes Wesen erfassen, bis du ganz in die Einheit fällst – in Gott. Das Schauen auf Gott hilft dir zu erkennen, was dich von Gott trennt. Das Herz ist nur ein Übergangsstadium. Es ist ein Tor, durch das du zu Gott kommen kannst. Zuerst fällst du in das Herz und danach in Gott. Du wirst über das Herz hinausgehen. Über diesen weiteren Weg spricht Jesus in den letzten beiden Seligpreisungen.

Die siebente Seligpreisung lautet:

> *Selig, die Frieden stiften;*
> *denn sie werden Söhne Gottes genannt werden.*

Wenn du die Liebe gefunden und erfahren hast, was es bedeutet, in Liebe zu handeln, dann wirst du kaum noch widerstehen können – in dir wird der Wunsch wach werden, anderen Menschen zu zeigen, was die Liebe ist. Wenn du einen Hassenden siehst, der sich über andere Menschen ereifert und selbst daran verzweifelt, dann wirst du ihm nun helfen wollen zu erkennen, dass er seinen Hass nur überwinden kann, indem er den Hass auf sich beendet. Du wirst es kaum über das Herz bringen, ihn sich selbst zu überlassen. Wenn du einen erfolgreichen Geschäftsmann siehst, der dennoch unglücklich und trotz allem Erworbenen allein ist, dann wirst du ihm zeigen wollen, zuerst das Glück zu finden und erst im zweiten Schritt seine Geschäfte zu betreiben.

Dann wirst du – vielleicht mit Bestürzung – erfahren, wie Wenige dir zuhören wollen. Es ist die Kunst desjenigen, der die Liebe weitergeben will, die zu finden, die bereit sind zu suchen. Manchmal wird einer, der bereits zum Suchenden geworden ist, dir begegnen und dir Fragen stellen. Das wird dich mit Dankbarkeit erfüllen.

Du wirst das Gefühl haben, die Menschen nicht einmal fassen zu können, sie entgleiten dir wie Fische aus den Händen. Sie sind immerzu bemüht, beständig streben sie nach etwas. Es ist kaum möglich, auch nur eine Situation zu erzeugen, in der ein Zuhören ihrerseits möglich wird. Schon den ersten Schritt zu gehen, erscheint ihnen schwer oder gar unmöglich: Das Anschauen ihrer Trauer und ihrer Angst – und das schrittweise Heraustreten aus der Angst. Die gegenwärtige Psychologie behauptet sogar, Angst sei unbedingt notwendig, um überhaupt überleben zu können. Nur wenige Menschen sind bereit, sich auf die Suche nach ihren eigenen Quellen zu begeben. Die Menschen sind trunken, aber sie haben keinen Durst nach sich selbst. Nur diejenigen, die schon erkannt haben, dass nichts in der äußeren Welt Erworbenes ihnen jemals Frieden bringen kann, werden dein Hilfsangebot verstehen. *Wer aus der Wahrheit ist, der hört meine Stimme*, sagte Jesus.

Dir wird der Schritt, den die anderen gehen müssten, um erlöst zu sein, so klein erscheinen, dass du verzweifeln könntest darüber, dass sie es nicht erkennen. Manchmal wirst du darüber ungeduldig werden. Dann wirst du dich daran erinnern müssen, wie lang dein eigener Weg gewesen ist, und wie oft du selbst gezögert hast und daran verzweifelt bist, den Schritt in die Liebe zu tun.

Es gibt nur einen Weg, anderen die Liebe zu geben: Sie an ihre eigene Liebe zu sich selbst zu erinnern. Wenn ein anderer sich von dir geliebt fühlt, dann berührt ihn daran am tiefsten, dass er sich angenommen sieht. Nichts wird abgelehnt. Diese Berührtheit ist für ihn eine Vision davon,

wie er mit sich selbst umgehen möchte. Er wird daran erinnert: So kann jede Minute deines Lebens sein, wenn du
dich selbst liebst.

Auf diese Weise wirst du zum Friedensstifter. Du hilfst
den Menschen zu erkennen, dass es nur **einen** Frieden gibt:
den Frieden mit sich selbst. Der Friedensstifter lehrt nicht
den Frieden zwischen den Menschen, sondern **in ihnen**.

Du musst, um diese Botschaft zu verbreiten, nicht einmal aktiv auf andere Menschen einwirken. Du musst keine
Reden halten oder Seminare durchführen, du musst auch
nicht zum Guru werden. Deine Anwesenheit allein genügt.
Deine Art, die Menschen anzuschauen, wie du auf Konflikte
reagierst, wie du Entscheidungen fällst, wird diejenigen, die
dazu bereit sind, erkennen lassen, dass es möglich ist, mit
sich selbst ausgesöhnt zu sein. Auf diese Weise wirst du zum
Botschafter der Wahrheit, zum Botschafter Gottes.
Jesus verwendet an dieser Stelle eine bemerkenswerte
Formulierung. Er sagt, die Friedensstifter werden *Söhne
Gottes genannt werden*. Diese Worte sind äußerst wich-
tig. Es scheint, als hätte Jesus mit ihnen allen künftigen
Versuchen vorgebeugt, ihn den Menschen zu entfremden.
Denn seit das Christentum als politische Organisation in Er-
scheinung getreten ist, hat es immer wieder Theologen und
Kirchenpolitiker gegeben, die behauptet haben, Jesus sei
kein gewöhnlicher Sterblicher gewesen. Er sei Sohn Gottes
gewesen, die Inkarnation Gottes. Das würde ihn von den
anderen grundlegend unterscheiden. Ein »gewöhnlicher«
Mensch könne nicht werden wie Jesus, er könne nur an ihn
glauben. Diese Behauptung ist der Versuch, die Menschen
von Jesus zu trennen und an die Kirche zu binden. Bereits
zu den jüdischen Priestern und »Schriftgelehrten«, die sich

ihm schon damals entgegenstellten, hatte Jesus gesagt: *Ihr verschließt den Menschen das Himmelreich. Ihr selbst geht nicht hinein; aber ihr lasst auch die nicht hinein, die hineingehen wollen.*

Jesus hat oft betont, dass er der *Sohn des Vaters im Himmel* ist. Zugleich hat er wiederholt von sich als einem *Menschensohn* gesprochen. Nun sagt Jesus in dieser Seligpreisung, auch du wirst ein Sohn Gottes genannt werden. Jeder Mensch ist eine Inkarnation Gottes. Auf jeden wartet in seinem Zentrum Gott. Das Zeugnis Jesu besteht genau darin, dass jeder sich an diese Wahrheit erinnern und im zweiten Schritt mit Gott eins werden kann. Der gewaltige Unterschied zwischen Jesus und seinen Zuhörern bestand einzig darin, dass er sein Eins-Sein mit Gott erkannt hat. Er hat Gott auf Erden verwirklicht, er hat Gott auf die Welt gebracht.

Wenn du sterben wirst, dann wirst du mit einem Schlag wissen, dass du ein Sohn oder eine Tochter Gottes bist. Wesentlich für dich ist, ob du dies bereits jetzt, mitten im Leben, erkennen kannst.

Jesus sagt: du wirst *Sohn Gottes **genannt** werden*. Er sagt nicht, du würdest als Friedensstifter Sohn Gottes **sein**. Denn Sohn Gottes bist du immer – auch wenn du diese Wahrheit vergessen hast, sogar wenn du sie verleugnest und so handelst, als wärest du für immer von Gott getrennt oder als gäbe es gar keinen Gott. Wenn du jedoch aufgrund deiner Liebe zu dir selbst anderen Menschen helfen wirst, den Frieden in sich selbst zu finden, dann wirst du als Sohn Gottes hervortreten und sichtbar werden. Für sie wirst du ein Botschafter der Wahrheit sein. Sie werden dich einen Sohn Gottes nennen.

Selig, die Frieden stiften;
denn sie werden Söhne Gottes genannt werden.

Mit dieser Seligpreisung wird ein weiterer Wesenszug des Wirkens Jesu durchschaubar. Vom ersten Auftritt in der Öffentlichkeit an bis zur Kreuzigung – ihm sind offenbar höchstens drei Jahre Zeit gelassen worden –, hat er Menschen geheilt. Das Heilen erscheint bereits beim flüchtigen Lesen des Neuen Testaments als ein immanenter Bestandteil seiner Botschaft. Das Wiederherstellen der inneren Einheit eines Menschen ist Heilung – sie ist der Ausgangspunkt auch der Heilung des Körpers. Und umgekehrt: Innerer Zwiespalt wird sich über kurz oder lang in der leiblichen Existenz des Betroffenen äußern. Der menschliche Körper ist so aufgebaut, dass er jeden inneren Konflikt symbolisch exakt ausdrücken kann – als Krankheit. Ein liebender Mensch ist fähig, anderen Menschen die Liebe zu sich selbst zu bringen und damit, sie zu heilen. Er ist ein potenzieller Heiler. Heilung ist das Übertragen der Gewissheit, dass alles richtig ist. Sie beendet eine konkrete innere Zerrissenheit des Hilfesuchenden – und dies tritt als Gesundheit ans Tageslicht. Diese Qualität hat Jesus genutzt. Seine vielen Heilungen von Aussätzigen, Blinden, Verwirrten und Lahmen waren nichts anderes, als die ins Körperliche gesenkte Botschaft von der Fähigkeit, sich selbst zu lieben.[2]

Was wird **mit dir** geschehen, wenn du zum Friedensstifter wirst? Was wird in dir ausgelöst, wenn du anderen Menschen hilfst, sich selbst zu lieben? Es werden zwei Dinge geschehen. Zum einen wirst du mit den unzähligen

---

2 Der Zusammenhang von Liebe und Heilung ist ausführlich dargestellt in meinem Buch »Im Auge des Orkans 2« in den Kapiteln »Liebe heilt« sowie »Gesundheit und Bewusstheit«.

Möglichkeiten konfrontiert, mit denen die Menschen sich selbst ablehnen. Dies wird dir helfen, die vielen kleinen und größeren inneren Konflikte zu durchschauen, mit denen du dich selbst entzweist. In dem Wort »entzweien« steckt die ZWEI – der Verlust deiner inneren Einheit.

Zum Zweiten werden selbst die kleinsten deiner eigenen Bedürfnisse für dich sichtbar werden. Denn jedes Mal, wenn du an eine Hilfe für andere irgendeine Erwartung knüpfst, wirst du nicht helfen können. Die Liebe ist an die **Bedingungslosigkeit** geknüpft. Vielleicht hoffst du, dass jemand, dem du Trost spendest und dem du hilfst, seine Selbstverurteilung zu durchschauen, dein Wissen und deine Bereitschaft zu helfen, wertschätzt. Womöglich wünschst du, dass der, dem du dich zuwendest, dir blind vertraut. Du willst Verbindlichkeit und Zusammengehörigkeit erfahren. Mit all diesen Erwartungen unterbrichst du energetisch deine Fähigkeit zu helfen. Zudem wird der andere stutzen, denn er spürt deine Bedürfnisse. Er spürt, dass es bei deiner Hilfe nicht wirklich nur um ihn geht. Er wird nicht annehmen können, was an deiner Botschaft wahr ist. Dies bietet dir die Möglichkeit, deine Bedürfnisse zu durchschauen.

Dein Versuch, mit Hilfe der Liebe zu helfen, wird dich mit allem konfrontieren, was dich an der Liebe hindert.

Friedensstifter zu sein ist ein Bestandteil deines eigenen Weges. Sei jedem Menschen dankbar, der dir die Möglichkeit gibt, ihm zu helfen. Sei demütig, denn die eigentliche Hilfe erhältst du.

Jetzt gilt es nur noch, deinen inneren Frieden zu bewahren. Jesus beendet die Seligpreisungen mit den Worten:

Selig, die um der Gerechtigkeit willen verfolgt werden; denn ihnen gehört das Himmelreich.

Nur in der ersten und in der letzten Seligpreisung verwendet Jesus das Wort *Himmelreich*. Er beendet sogar beide Verse mit dieser selben Formulierung: *denn ihnen gehört das Himmelreich*. Wer arm ist vor Gott, dem gehört das Himmelreich. Und wer der Verfolgung begegnet, dem gehört das Himmelreich. Das Ende der Seligpreisungen ist wie der Anfang, der Kreis schließt sich.

Warum sind Verfolgungen so wichtig? Warum kannst du ohne sie nicht ins Himmelreich gelangen? Welchen Verfolgungen wirst du überhaupt ausgesetzt sein, wenn du die Suche nach dem Himmelreich beginnst? Du wirst zwei Formen der Verfolgung begegnen: Die eine kommt von außen, die andere von innen, aus dir selbst.

Die Verfolgungen, die dir von außen, insbesondere von anderen Menschen, entgegentreten werden, sind variantenreich. Dies beginnt bereits damit, dass du für deine Entscheidung, ins Himmelreich gelangen und die Wahrheit finden zu wollen, keine Anerkennung bekommen wirst. Das ist eine enorme Herausforderung. Denn bevor du diese Entscheidung getroffen hast, **hat all dein Handeln auf Anerkennung gezielt!** Mit jedem Erfolg, den du angestrebt hast, hast du die Hoffnung auf eine bestimmte gesellschaftliche Position verknüpft – die Hoffnung auf Anerkennung. Mit dem Geld, das du erworben hast, wolltest du beweisen, erfolgreich zu sein. Auch von deinem Partner, um den du dich bemüht hast, wolltest du dich wertgeschätzt sehen – und mit Sicherheit war es ein Bedürfnis, anderen zu zeigen, wie glücklich du bist. Sogar noch als du anfingst, aus Liebe zu handeln, hast du gehofft, dass die anderen dies annehmen. Erst deine erwachende Liebesfähigkeit hat dir geholfen, dich von Erwartungen zu lösen.

Auf Anerkennung von anderen zu verzichten ist ein gewaltiger Schritt. Er löst alle deine bisherigen Verhaltensmuster auf. Die Äußerung von Jesus, dass man das Himmelreich nicht an äußeren Zeichen erkennen könne, gewinnt damit eine zusätzliche Bedeutung: Niemand wird erkennen, was mit dir geschieht, du bist ganz allein damit.

Aber nicht nur, dass die Menschen dich für deine neuen Erfahrungen nicht lieben werden, die meisten werden sogar deine erwachende Liebesfähigkeit ablehnen und verurteilen. Es ist wichtig, diesen Zusammenhang zu verstehen und zu akzeptieren. Die Menschen können Liebe nicht annehmen, weil sie sie nicht **ertragen** können. Was geschieht, wenn du liebst? – Du liebst die anderen auch mit dem, was sie an sich selbst nicht lieben. Wenn sie dir begegnen, sehen sie sich herausgefordert, sich selbst ganz zu begegnen. Und genau dies wollen sie verhindern – nichts anderes bedeutet Selbstablehnung! Du wirst zuweilen sogar noch deine Liebesfähigkeit verkleiden, maskieren und auf eine für die anderen erträgliche Größe verkleinern müssen, damit bestimmte Menschen dich nicht fliehen und so die Chance verpassen zu erleben, was es bedeutet, nicht verurteilt zu werden.

Die Menschen werden dir vorwerfen, du würdest ihnen den Schmerz zufügen, der ihnen seit ihrer Kindheit immer wieder zugefügt worden ist. Denn wo Liebe ist, sind die Menschen herausgefordert, ihre Trauer zu spüren. Dies wird ihnen so erscheinen, als würdest du in ihnen ihren Schmerz auslösen. Sie werden dir diesen Schmerz zum Vorwurf machen, weil du der erste bist, der ihn **nicht** auslöst.

Stelle dir folgende Situation vor: Ein Freund hilft dir bei einer Arbeit. Vielleicht führt er für dich eine Recherche durch, oder er unterstützt dich mit seinen handwerklichen

Fähigkeiten. Stelle dir weiter vor, dass dieser Freund von einem tiefsitzenden Minderwertigkeitsgefühl beherrscht wird. Er hilft anderen Menschen in der Sehnsucht, dafür Anerkennung und Zuwendung zu erhalten. Vielleicht konnte er schon in der Kindheit nur die Beachtung seiner Eltern erlangen, indem er **ihnen** half, für sie da war und sich darum bemühte, ihnen Sorgen abzunehmen. Liebe und Verständnis für **seine** Sorgen konnte er nicht finden, und so hat er sich auf die Suche nach **Beachtung** begeben – die bis heute sein Verhalten bestimmt. Unbewusst erwartet er für seine Hilfe von dir bestimmte Bekundungen von Dankbarkeit, genau umrissene Zuwendungen, die ihm das Gefühl von Geborgenheit und Selbstwert geben. Doch du reagierst ganz anders, als er es unterschwellig erhofft. Du liebst ihn, du freust dich über seine Nähe, einfach weil er da ist – auch wenn er dir nicht helfen würde. Vielleicht entscheidest du dich sogar bewusst, ihm die erwarteten Zuwendungen als Antwort auf seine Hilfe **nicht** zu geben. Du hast erkannt, dass dies im Kern eine Demütigung für deinen Freund wäre – die er selbst noch gar nicht bemerken würde. Stattdessen schenkst du ihm gezielt Zuwendung in anderen Situationen, in denen er dir **nicht** hilft, sondern in denen einfach Nähe zwischen euch besteht. Dann wird dein Freund das Gefühl haben, dass du seine Hilfe nicht wertschätzt – denn sein unbewusstes Ziel erreicht er nicht. Er wird sich von dir benutzt fühlen. Vielleicht wirft er dir sogar offen vor, du würdest ihn missbrauchen – genau weil du ihn **nicht** missbrauchst.

Wenn andere bei dir Anerkennung suchen, wirst du sie ihnen nicht geben. In für sie unerwarteten Momenten jedoch, wo ihnen Anerkennung wirklich hilft, **wirst** du sie geben. Das wird ihnen helfen, liebevoller mit sich selbst umgehen zu lernen, und zugleich wird es sie zur Verzweiflung treiben.

Sobald du nicht mehr aus dem Ego heraus handelst, sind diejenigen, die mit dir umgehen, automatisch mit ihrem Ego, mit ihrer bisher ungesehenen Trauer, konfrontiert. Sie stehen dann vor der Wahl: Entweder nutzen sie die Chance, die ihnen die Begegnung mit dir bietet, um ihre Handlungsmotive zu durchschauen und sich aus ihren Schmerzen zu lösen – oder sie machen dir Vorwürfe und empören sich über dich. Jesus sagte: *Selig ist, wer sich an mir nicht ärgert.*

Nicht die Wahrheit und die Erkenntnis an sich sind es, die die Menschen an die Grenzen treiben – sondern es ist die Liebe, die in der Wahrheit und in der Erkenntnis enthalten ist.

Es ist kein Zufall, dass in den beiden ersten Evangelien die Entscheidung der jüdischen Priester, Jesus zu töten, zum ersten Mal erwähnt wird als eine Reaktion auf einen Akt der Liebe. Jesus war am Sabbat in eine Synagoge gekommen und dort auf einen Mann getroffen, der eine verdorrte Hand hatte. Jesus heilte ihn. Nach jüdischem Recht ist es jedoch verboten, am Sabbat irgendeine Arbeit zu tun. Jesus wurde von den Priestern gefragt: »Ist es erlaubt, am Sabbat zu heilen?« – in der Hoffnung, seine Antwort würde die Möglichkeit geben, Jesus nicht nur wegen des Verstoßes gegen das Gebot, sondern darüber hinaus wegen Lästerung zu verklagen. Jesus antwortete darauf: *Wer ist unter euch, der sein einziges Schaf, wenn es ihm am Sabbat in die Grube fällt, nicht ergreift und ihm heraushilft? Wie viel mehr ist nun ein Mensch als ein Schaf! Darum darf man am Sabbat Gutes tun.*

Daraufhin, so vermerken die Evangelien, »gingen die Pharisäer hinaus und hielten Rat über ihn, wie sie ihn umbrächten.«

Warum reagierten die Priester feindlich? Wieso kann eine solch stille Handlung wie das Heilen einen derartig großen Hass erzeugen, der bereit ist, bis zum Äußersten zu gehen? Zum einen sahen sich die Priester in ihrer sozialen Funktion gefährdet. Wenn jemand durch sein bloßes Erscheinen den Menschen Segen und Heilung bringt – welche Rolle bleibt dann noch für sie übrig? Zum zweiten sahen sich die Priester in allem herausgefordert, was sie über sich selbst und über Gott glaubten. Die Juden des Alten Testaments haben sich einen rachsüchtigen, strafenden und eifersüchtigen Gott vorgestellt, dessen vermeintliche Gebote streng eingehalten werden müssten. Und nun sollten statt Strafe, Rache und Belohnung – Liebe, Heilung und Vergebung gelten? Die Barmherzigkeit von Jesus, die dieser über die Gebote stellte, zuzulassen oder gar zu unterstützen, hätte für diese Männer bedeutet, alles in Trümmer zu werfen, was sie zu sein meinten. An einer solchen Schwelle stehend, gibt es nur zwei Wege: Entweder die völlige Umkehr oder die völlige Ablehnung. Das ist die große Herausforderung, wenn man mit der Möglichkeit konfrontiert wird, die Liebe zuzulassen: Dass die Liebe alles als absurd erscheinen lässt, was ohne Liebe getan wird.

Wenn du dich selbst liebst, wirst du zudem die Menschen in deiner Umgebung mit ihren Sehnsüchten konfrontieren, die sie in ihrem Streben nach Sicherheiten selbst unterdrücken. Sie wollen frei sein, sie wollen das Dasein vollständig auskosten, sie wollen ihren Körper ohne Ängste erfahren – und sie verhindern all dies immerzu. Ohne es bewusst zu bemerken, können sie sich für ihren inneren Verrat nicht vergeben – und die Konfrontation damit werden sie **dir** nicht vergeben. Sie wissen noch gar nicht, was es bedeutet zu vergeben. Sie werden dir vorwerfen, unmoralisch oder rücksichtslos zu sein. Sie werden versuchen, dir Sanktionen aufzuerlegen.

Diese erste Form der Verfolgung – von außen – ist enorm wichtig. Sie hilft dir, endgültig zu erkennen und zu manifestieren, dass du das Kämpfen im Außen aufgegeben hast. Nur, wenn du diejenigen, die dir mit Misstrauen begegnen, dich ablehnen oder sogar dir schaden wollen, nicht mehr verurteilst, wirst du völlig erfassen, was es heißt, innen ausgesöhnt zu sein. Dies bedeutet nicht, dass du dich nicht schützen oder kraftvoll handeln dürftest – aber dies wird ohne Verurteilung anderer Menschen geschehen.

Jesus hat am Ende seines Lebens sogar noch jeden Versuch aufgegeben, sich zu schützen. Dieser Entschluss gehörte zu seinem ganz eigenen Weg, den seine Seele gewählt hatte. Als er vor Pilatus stand und die Entscheidung heranreifte, ihn kreuzigen zu lassen, schwieg er. Am Ende der Verhandlung, kurz bevor sein Tod beschlossen wurde, sagte er zu Pilatus sogar, dass dieser gar nicht anders entscheiden könne. Denn Pilatus könne nur das entscheiden, was zuvor im Himmel entschieden worden sei. Dies war der Versuch, Pilatus von den Schuldgefühlen zu befreien, in die dieser offensichtlich verwickelt war – und ihm damit für später die Chance zu erhalten, zu erkennen, was wirklich geschehen war. Genau mit diesem Auftreten bezeugte Jesus seinen Zeitgenossen und vor allem der Nachwelt, dass seine Botschaft von der Liebe, dass insbesondere seine Worte: *Liebe deine Feinde* – kein hohles Gerede waren. Jesus hat bezeugt, dass es unter irdischen Bedingungen möglich ist, vollkommen ausgesöhnt zu sein.

Die zweite Verfolgung, der du begegnen wirst, ist subtiler, und sie stellt eine größere Herausforderung dar als die erste.

Dein eigenes Ego wird sich wehren. Dieses Wehren ist ebenso wichtig für dich wie der Widerstand anderer Menschen. Dein Ego wird immer dann versuchen, seine Herrschaft über dich zu behalten, wenn dir seine unterschiedlichen Anteile bewusst werden. Jedes Mal, wenn du eines deiner gewohnten Motive durchschaust und es loslässt, wird es dir so erscheinen, als würde dein Leben seinen Sinn verlieren. Du wirst das Gefühl haben, im Nirgendwo zu stehen oder vielleicht sogar glauben, du könntest in eine Depression fallen. In diesen Augenblicken wirst du eines erkennen können: Dass du bisher deine Lebensenergie gewonnen hast aus der Angst. Die Bemühung darum, dich zu ernähren, Sicherheit zu gewinnen und nicht allein zu sein, hat dir die Kraft gegeben zu leben. **Jedes Mal, wenn diese Motive fallen, scheint es so, als würde deine Lebensenergie von dir weichen.** Du wirst eine Leere empfinden. Du scheinst vor dem NICHTS zu stehen. In Wahrheit stehst du vor der Möglichkeit, einfach zu existieren, ohne getrieben zu sein.

Der Schritt aus dem Überlebenskampf heraus fühlt sich an wie sterben – und er **ist** ein Sterben. Er ist ein Sterben – und ein Neugeborenwerden. Alle Illusionen, die du dir von dir selbst und von der Realität gemacht hast, erhalten von dir keine Energie mehr. Sie gehen ein, sie verhungern, bis sie von dir fallen wie welke Blätter im Herbst. Dein ICH geht verloren. Das ist das **wirkliche** Sterben, verbunden mit der Erkenntnis, dass du BIST, dass es den Tod nicht gibt – der Schritt in das *ewige Leben*. Im Johannesevangelium ist ein Gespräch zwischen Jesus und einem gewissen Nikodemus aufgezeichnet. Nikodemus war ein hoher jüdischer Priester, der die Bedeutung von Jesus und dessen Botschaft geahnt hat. Er kam in der Nacht zu Jesus – offenbar, um diese Begegnung geheim zu halten – und stellte ihm Fragen. Jesus sagte zu ihm: *Es sei denn, dass jemand von neuem geboren werde, so kann er das Reich Gottes nicht sehen.* Nikodemus war von dieser Aussage verwirrt. Er fragte Jesus:»Wie kann ein Mensch geboren werden, wenn er alt ist? Kann er wieder in seiner Mutter Leib gehen und geboren werden?« Jesus antwortete ihm: *Bist du Israels Lehrer und weißt das nicht?*

Dieses Sterben und diese Neugeburt betreffen nicht den Körper. Sie sind ein geistiger Prozess, sie geschehen **in** dir. *Was vom Fleisch geboren ist, das ist Fleisch; und was vom Geist geboren ist, das ist Geist. Wundere dich nicht, dass ich dir gesagt habe: Ihr müsst von neuem geboren werden,* sagte Jesus zu Nikodemus. Du bist durch den Leib einer Mutter auf die Erde gekommen, um diese geistige Geburt, um dieses Wiederfinden des Himmelreiches erfahren zu können.

Um dir bei deiner Geburt, um dir bei diesen Wehen beizustehen, sind sie alle auf die Erde gekommen und haben ihre Botschaft hinterlassen: Die spirituellen Meister, die Lehrer, die Bodhisattvas. Buddha, Jesus, Meister Eckhart, Laotse – sie sagen dir: Du gehst nicht verloren, du bist nicht gefährdet, obwohl es dir so erscheint. Du wirst getragen von uns und von tausend Engeln.

Etwas Weiteres wird geschehen, während du geboren wirst: Du wirst traurig sein. Das ist die Traurigkeit darüber, dass du etwas Wertvolles verlässt. Jetzt kannst du die ganze Bedeutung all deiner Erfahrungen erkennen, denen du ausgesetzt warst, als du noch blind durch die Welt gegangen bist. Jetzt, da du alle Schmerzen als Illusionen durchschaust, wirst du von den Schmerzen, die du erlitten und anderen zugefügt hast, zutiefst berührt und für sie dankbar sein. Sie werden für dich heilig sein. Du wirst den großen Wert all der Kämpfe erkennen, die du ausgefochten hast – und nun verlässt du das Kämpfen. Jetzt, da du endgültig nackt vor Gott wirst, da du weißt, dass es möglich ist, sich ganz auf das Leben einzulassen, wirst du traurig darüber sein, dass du dich damals auf all diese wertvollen Erfahrungen noch nicht ganz einzulassen vermocht hast – weil du dich gewehrt hast. Und sogar noch die Erinnerung an dieses Wehren wird unendlich wertvoll für dich sein und dich zutiefst berühren. Du wirst um dich selbst weinen. Nimm diese Trauer jetzt an, jetzt kannst du es. Übergehe sie nicht. In ihr sammelt sich eine hohe Energie, die du brauchen wirst. Diese Trauer ist eine Vorbereitung auf die Begegnung mit Gott.

Die äußeren und inneren Verfolgungen helfen dir, diesen Weg zu Ende zu gehen. Sie sind wie ein Flussbett, das die Richtung des Fließens markiert. Sie helfen dir zu erkennen, dass alles richtig ist, was jetzt geschieht. Sie zeigen dir jeden kleinen Schritt an, mit dem du dein Ego überwindest. Noch weißt du nicht, wie es ist, nicht aus dem Ego heraus zu sein – du lernst es gerade. Reagiere nicht, hole nicht die alten Muster hervor, erlerne das Warten, verharre einfach, was immer jetzt geschieht. Du bist im Geburtskanal. Die Verunsicherungen und Schmerzen, die jetzt kommen, entstehen lediglich aus deinen Impulsen, dich zu wehren. Du bist es gewohnt, dich gegen das Unbekannte zu wehren. Jetzt besitzt du jedoch die Fähigkeit, diese Impulse zu beobachten und ihnen nicht zu folgen. Sie sind der letzte Versuch deines Egos, die Macht zu behalten. Die Geburtsschmerzen, denen du jetzt begegnest, sind exakt die Schmerzen, die du immer hattest, in deinem ganzen bisherigen Leben. Jetzt werden sie lediglich vollendet sichtbar. Nun kannst du sie endgültig loslassen. Alles, was du loslassen willst, muss erst sichtbar geworden sein.

Die Verfolgungen, die von innen drängen, haben einen symbolischen Ausdruck im Neuen Testament gefunden. Vor dem Beginn seines öffentlichen Auftretens hatte sich Jesus für mehrere Wochen in die Wüste zurückgezogen. Innerer Rückzug, Meditation, ist ein Wegbegleiter jeder Bewusstwerdung. Jesus hatte als Ort dafür die Wüste gewählt. Die Wüste bietet kaum Projektionsflächen für die Psyche. Du bist allein, der Weite ausgesetzt, und wirst auf dich selbst zurückgeworfen. Da du im Außen nichts mehr findest, dreht sich dein Blick um, es öffnet sich dir deine Innenwelt – und damit treten deine Bedürfnisse und die Mechanismen, mit denen sie deine Psyche beherrschen, vor dich hin. Sie werden in Form von Sehnsüchten sichtbar: Sie erscheinen als **Versuchungen**. Die Begegnung mit den eigenen unerlösten Bedürfnissen ist in der Bibel als das Erscheinen des »Teufels« dargestellt, der vor Jesus hintritt und ihn herausfordert. Der »Teufel« ist nichts anderes als die symbolische Personifizierung der unbewussten Verwicklung in die materielle Welt. Er ist letztlich ein Diener auf dem Weg. Denn die Verwicklung in die Welt bietet überhaupt erst die Möglichkeit, Gott suchen und finden zu können. Goethe hat dieses Dilemma des »Teufels« mit unnachahmlicher poetischer Treffsicherheit ausgedrückt, indem er Mephisto sagen lässt: »Ich bin ein Teil von jener Kraft, die stets das Böse will und stets das Gute schafft.« In der im Neuen Testament festgehaltenen Überlieferung konfrontiert der »Teufel« Jesus mit **drei** Versuchungen. Er fordert Jesus, der nach vierzigtägigem Fasten hungrig ist, auf: »Bist du Gottes Sohn, so sprich, dass diese Steine Brot werden.« Danach versucht er Jesus, indem er ihn auf die Zinnen des Tempels in Jerusalem führt und zu Jesus sagt, er solle sich hinunterstürzen und dabei auf Gott und die Engel vertrauen, dass ihm nichts geschehen werde. Die dritte Versuchung besteht darin, dass der »Teufel« Jesus »alle Reiche der Welt und ihre Herrlichkeit« anbietet. Dies sind genau drei der vier grundlegenden Bedürfnisse, mit denen die Seele konfrontiert ist, sobald sie als Mensch die Erde betritt: Die Sehnsucht nach Nahrung, die Sehnsucht nach Sicherheit und die Sehnsucht nach Macht.

Bezeichnenderweise bemüht sich der Teufel nicht, Jesus mit dem vierten grundlegenden Bedürfnis des Menschen zu konfrontieren: mit dem sexuellen Verlangen. Denn in diesem Begehren ist die Sehnsucht nach der Verschmelzung, die Sehnsucht nach EINHEIT enthalten. Ganz nahe beim sexuellen Verlangen sind die Liebe und die Hingabe zu finden – und beide führen zu Gott. Aus diesem Grund geht jeder Versuch, die Menschen von Gott zu trennen stets Hand in Hand mit der Verurteilung der Sexualität. Wie kein anderes Begehren bietet das Geschenk der Sexualität den Menschen die Möglichkeit, ihre geistige **und** ihre irdische Dimension, das Himmelreich und die Erde, in **Einem** zu erfahren und auszukosten. Wie man dies tut, darüber spricht Jesus in der Bergpredigt. Er umreißt dort in wenigen markanten Worten, wie die Lust helfen kann, das Himmelreich zu finden[3].

Die Antworten, die Jesus auf die Versuchungen des »Teufels« gibt, sind ebenfalls ein exakter Hinweis auf das Wesen der Suche nach dem Himmelreich. Der Aufforderung, aus den Steinen Brot werden zu lassen, entgegnet er: *Es steht geschrieben: Der Mensch lebt nicht vom Brot allein.* Einen solchen Satz kann nur ein Mensch formulieren, der die geis-

---

3 Auf diese Äußerungen von Jesus zum Begehren und dessen Bedeutung für die Selbstfindung gehe ich ausführlich ein in meinen Büchern: »Im Auge des Orkans 2«, Kapitel: »Wie nutzt du dein Begehren?« sowie in »Jesus meditiert«, Kapitel: »Dein Begehren ist deine Chance«.

tige Quelle seiner Existenz erkannt hat. Jemand, der noch ganz in der irdischen Welt verfangen ist, der noch glaubt, nur hier Sicherheit und Geborgenheit finden zu können, kann einer solchen Versuchung nicht widerstehen. Er wird nicht einmal bemerken, dass überhaupt eine Versuchung stattfindet – denn er folgt ihr sofort. Ihm scheint es das Natürlichste **von der Welt** zu sein, seine Bedürfnisse ohne Verzögerung zu befriedigen. Er wird auch eventuell vorhandene magische Fähigkeiten in den Dienst der Befriedigung stellen. Jesus dagegen ist der Beobachter seiner Motive. Er sagt dem »Teufel«: Ich weiß, dass der Mensch mehr ist als seine Bedürfnisse. Ich habe Kontakt zu der Quelle, aus der ich schöpfe. Mit dem Hunger kriegst du mich nicht.

Noch bedeutsamer ist Jesus' Antwort auf die zweite Versuchung, sich in die Tiefe zu stürzen und auf Gottes Hilfe zu vertrauen. Jesus entgegnet: *Wiederum steht auch geschrieben: Du sollst den Herrn, deinen Gott, nicht versuchen.* In dem Impuls, Gott versuchen zu wollen, steckt das Bekenntnis, sich selbst noch als von ihm getrennt zu sehen. Die Existenz dieses Wunsches nach Versuchung setzt voraus, an Gott nur zu glauben und ihn noch nicht zu wissen. Du musst probieren, ob Gott wirklich ist. Du musst ihn versuchen. Der Schritt, jede Versuchung Gottes aufzugeben, ist der Schritt vom Glauben an Gott – auch noch vom ersten Schauen Gottes – zum Verschmelzen mit Gott. Entweder stürzt du dich in die Tiefe und glaubst, damit Gott zu prüfen – oder du lässt dich wahrhaftig fallen: in Gott.

Solange du die Versuchungen der materiellen Welt nicht durchschaust, bist du gezwungen, Gott zu versuchen. Bist du jedoch eins mit Gott, dann ist auch die materielle Welt keine Versuchung mehr, sondern Material für deine Erfahrungen.

Auf die dritte Versuchung, irdische Macht zu erlangen, reagierte Jesus mit den Worten: *Hebe dich hinweg, Satan. Denn es steht geschrieben: »Du sollst anbeten den Herrn, deinen Gott, und ihm allein dienen.«* So, wie du die Liebe nicht einsetzen kannst, um geschäftlichen Erfolg zu erlangen – du würdest sie damit beschädigen –, so kannst du Gott nicht benutzen, um irdische Macht zu gewinnen. Mit dem Versuch, dies zu tun, würdest du dich wieder von ihm entfernen. Wenn du nur einmal wirklich hast *Gott schauen* können, dann ist dieser Versuch sogar widersinnig. Denn dann weißt du, das nichts Irdisches dir je zu geben vermag, was dir die Nähe zu Gott gibt. Du wirst nicht Gott benutzen für die Materie, sondern du wirst die Materie benutzen, um endgültig zu Gott zu finden – du bist ein Suchender. Dies ist gemeint mit der Aussage, dass Gott das Höchste ist, und dass das Dienen allein ihm gehört.

In dem Wort »Versuchung« ist das Wort »Suche« enthalten. Machst du dir die Versuchungen nicht bewusst und lässt dich in sie verwickeln, dann ver-irrt sich deine Suche, sie wird ein Ver-Suchen.

Diese Konfrontation mit irdischen Bedürfnissen und die Klärung seines Verhältnisses zu ihnen geschah, kurz bevor Jesus hinaustrat mit seiner Botschaft und sein öffentliches Wirken begann. Es ist bemerkenswert, dass er sich zu diesem Zeitpunkt noch **auf Schriften** beruft. Er sagt dreimal: *es steht geschrieben.* Wenig später gibt er für seine Botschaften keinerlei Begründung mehr. Alte Schriften zitiert er dann nur noch selten – lediglich, um seinen Zuhörern etwas zu erklären, jedoch nicht mehr, um etwas zu begründen. Anstatt Schriften zu zitieren, spricht er nun direkt von der Quelle her. »Denn er lehrte sie wie einer, der Vollmacht hat, und nicht wie ihre Schriftgelehrten«, notiert Matthäus. Die Versuchungen haben ihm geholfen, zur Quelle vorzustoßen.

An dieser Stelle ist im Neuen Testament ein weiteres Mal bezeugt, dass Jesus ein Mensch war wie jeder andere, ein *Menschensohn*, der die Herausforderung der materiellen Existenz angenommen hat, der sich auf die Suche begeben und erkannt hat, dass er ein Sohn Gottes ist. Nur bei einem Suchenden macht es Sinn, ihn mit Versuchungen zu konfrontieren.

Dies ist die Aufgabe aller Verfolgungen und Versuchungen: dich endgültig zur Quelle zu führen. Sie erfüllen zwei Funktionen: Sie sind die Probe auf die Ernsthaftigkeit deiner Suche, und sie sind die Schwelle, über die du gehen wirst, um ganz zu dir selbst zu kommen. Sie sind ein Geschenk. Erst, wenn die Schwelle da ist, besteht die Möglichkeit, einen neuen Raum zu betreten. Verfolgungen helfen dir, von allem Abstand zu gewinnen, was dich in die Illusion der Welt hineinreißt. Sie helfen dir, alles zu durchschauen, was du nicht bist. Damit stößt die STILLE auf keine Hindernisse mehr, sie breitet sich in dir aus.

Nun hast du die Tür geöffnet, und du wartest, ohne dich auf das Warten zu konzentrieren. Anfänglich musstest du dir Mühe geben, die Tür nicht aus Gewohnheit wieder zuzuschlagen. Manchmal schien es dir sogar gefährlich zu sein, sie Tag und Nacht geöffnet zu lassen. Und dann, irgendwann – du hast keinen Einfluss darauf –, zu einem Zeitpunkt, wo du mit Sicherheit überhaupt nicht damit rechnest, geschieht es. Du bist nicht mehr allein. Gott ist bei dir eingetreten. Die Stille wird nicht nur von jeder Zelle deines Körpers, sondern von deiner gesamten Existenz Besitz ergreifen. Es ist nicht einmal nur Stille oder Wahrheit, sondern ES IST.

Aber dieser Moment wird dir noch eine weitere Überraschung bringen. Mit Erstaunen wirst du in dem Augenblick, in dem Gott bei dir eintritt, erkennen, dass er immer da gewesen ist. Wahrscheinlich wirst du dann lachen. Das einzige, was sich wirklich verändert hat, als er kam, war, dass du deine Illusion fallen gelassen hast, du seiest jemals von ihm getrennt gewesen. Halleluja, du bist angekommen.

Sieben Seligpreisungen führt Jesus aus, um den Weg zur Selbsterkenntnis zu zeigen, und eine – die erste –, um die ganze Wahrheit zu umschreiben:

> *Selig, die arm sind vor Gott;*
> *denn ihnen gehört das Himmelreich.*

Die Acht ist das Zeichen für die Unendlichkeit. Jesus beschreibt einen vollständigen Weg, den du gehen kannst, um frei zu werden, um dich mit der ganzen unendlichen Existenz zu verbinden: Lass zuerst deine Trauer wieder zu – dann wirst du Trost finden. Der Trost ist die Erinnerung daran, dass du innen, dir im Augenblick noch verborgen, eins bist und immer eins warst:

> *Selig die Trauernden;*
> *denn sie werden getröstet werden.*

Wenn du deine Trauer wiedergefunden hast, wirst du aufhören, Gewalt auszuüben. Du bist nicht mehr gezwungen, im Außen zu nehmen, denn du entdeckst zunehmend den Reichtum deiner inneren Landschaft:

> *Selig, die keine Gewalt anwenden;*
> *denn sie werden das Land erben.*

Nun nimmst du plötzlich die Bedürfnisse, Empfindungen und die Trauer der anderen Menschen wahr. Du wirst ein Gerechter, denn du entdeckst die Freude, anderen zu geben, was du selbst gebraucht hast. Du entdeckst die Lebensfreude. Erstmals bist du ausgefüllt mit Lebendigkeit, dein Dasein ist kein Mangel mehr, du wirst satt:

> *Selig, die hungern und dürsten nach der Gerechtigkeit;*
> *denn sie werden satt werden.*

Jetzt ist es nur noch ein kleiner Schritt bis zur Liebe. Du entdeckst die Wahrheit, dass Liebe und Barmherzigkeit zu dir kommen, wenn du sie anderen gibst. So lange hast du sie ersehnt – und niemand hat sie dir gegeben. Nun kommen sie, weil du sie schenkst:

> *Selig die Barmherzigen;*
> *denn sie werden Erbarmen finden.*

Du fällst in dein Herz. Du handelst vom Herzen her. Es gibt keinen Widerspruch mehr zwischen dem, was du innen bist, und dem, wie du außen handelst. Das Herz ist der Ort in deinem Körper, wo Einheit erfahrbar ist. Da du ins Herz fällst, fällst du in die Einheit und kommst in Kontakt mit deiner Göttlichkeit. Zum erstenmal schaust du Gott:

> *Selig, die ein reines Herz haben;*
> *denn sie werden Gott schauen.*

Von diesem Augenblick an wird sich in deinem Leben etwas verändern. Zusätzlich zu den Erfahrungen, die deine Seele auf der Erde sucht, wird in dir das Bedürfnis wach, anderen Menschen zu helfen, auch ihre innere Einheit wiederzufinden. Du wirst zum Friedensstifter. Frieden zu stiften bedeutet nicht, zwischen den Menschen Frieden zu stiften, sondern **in** ihnen. Damit bist du ein Verkünder der Wahrheit auf Erden. Du trittst als Sohn Gottes hervor:

> *Selig die Frieden stiften;*
> *denn sie werden Söhne Gottes genannt werden.*

Wenn es dir nun gelingt, trotz aller Anfechtungen und allen Unverständnisses, dem du ausgesetzt sein wirst, trotz aller Ängste und Begierden, die das Leben durchdringen, und die dich einfangen wollen, dich nicht wieder verwickeln zu lassen, dann wird alles von dir fallen, was nicht du bist:

> *Selig, die um der Gerechtigkeit Willen verfolgt werden;*
> *denn ihnen gehört das Himmelreich.*

Du stehst nackt vor Gott. Du hast das Himmelreich gewonnen, und du hast die Erde. Du hast das Himmelreich auf Erden.

Kontaktadresse,
Seminare
und weitere Bücher:

Zu den Seligpreisungen und der Bergpredigt
Jesu führe ich regelmäßig Seminare durch.
Befreit vom moralischen und ideologischen
Ballast sind die Worte Jesu ein Wegweiser zu
Erfolg und vollständiger Lebendigkeit in allen
Lebensbereichen – wie ihn die Historie kaum
ein zweites Mal hervorgebracht hat.

Informationen dazu, sowie zu weiteren
Seminaren, Ausbildungen und
Einzelsitzungen erhalten Sie unter:

www.frank-lassner.de

Weitere von Frank Lassner erschienene Bücher:

Im Auge des Orkans 1
164 Seiten
14,80 €
ISBN 3-8330-0736-2
Hamburg, 2003

Im Auge des Orkans 2
296 Seiten
19,80 €
ISBN 978-3-8334-8527-5
Hamburg, 2007

In Vorbereitung:

»Jesus meditiert.
Frank Lassner spricht
über die wichtigsten
Worte von Jesus aus
der Bergpredigt.«

Erscheint im Frühjahr 2008

Meditieren ist ganz einfach
208 Seiten
14,90 €
ISBN 3-89845-117-8
Güllesheim, 2005

Notizen